Für meine drei Gefährten auf unserem
gemeinsamen Weg

Elisabeth, Linus und Lewin

Entwicklung:

Ursprungsauflage: nie im Handel erhältlich gewesen
1. Mutation: erhältlich bis November 2015
2. Mutation: erhältlich bis Mai 2016
3. Mutation: erhältlich bis Oktober 2016
4. Mutation: **dauerhaft** erhältlich seit Oktober 2016
5. Mutation: erhältlich bis Februar 2018
6. Mutation: erhältlich bis November 2018
7. Mutation: erhältlich bis Juni 2019
8. Mutation: **dauerhaft** erhältlich seit Juni 2019
9. Mutation: erhältlich bis …
10. Mutation: **dauerhaft** erhältlich seit …

Guido Vobig

Ich LIEBE meinen Tumor

Bibliographische Information der Deutschen
Nationalbibliothek:
Die Deutsche Nationalbibliothek verzeichnet diese Publikation
in der Deutschen Nationalbibliografie; detaillierte bibliografi-
sche Daten sind im Internet über *http://dnb.dnb.de* abrufbar.

Herstellung und Verlag: BoD – Books on Demand, Norderstedt

ISBN 9783744855846

Nullpunkt

Wenn nicht mehr Zahlen und Figuren
sind Schlüssel aller Kreaturen,
wenn die, so singen oder küssen,
mehr als die Tiefgelehrten wissen,
wenn sich die Welt ins freie Leben
und in die Welt wird zurückbegeben,
wenn dann sich wieder Licht und Schatten
zu echter Klarheit werden gatten
und man in Märchen und Gedichten
erkennt die wahren Weltgeschichten,
dann fliegt vor einem geheimen Wort
das ganze verkehrte Wesen fort.

Novalis

Stars, hide your fires;
Let not light see my black and deep desires.

William Shakespeare, Macbeth

Vorwort zur 8. Mutation

Ein weiteres Mal EIN wenig ANDERS präsentiert sich nun die 8. Mutation, möglich geworden durch alle vorherigen. Sie geht den beiden letzten Mutationen dieses Projekts voraus, das voraussichtlich 2021 beendet sein wird. Die Entwicklung des gesamten Projekts ist in der folgenden Grafik zusammengefasst.

Einzelheiten zu den jeweiligen Mutationen finden Sie in meiner Bibliografie unter *guidovobig.com/bibliografie*.

■ ■ *Sie haben einen bösartigen Tumor.*
Ihre fünf Worte. Vier apokalyptische Reiter.
Nun EINER mehr. Ein wuchtiger FELS,
sich dazugesellt. In den See er stürzt, bedächtig.
Jener in sich ruht, weshalb, FELS-bedingt,
Kreise sich bilden. Still sich ausbreitend.
Wie unerhört.

■ Alltagslärm draußen. Drinnen hingegen
nicht EIN Wort. Sechs Augen offen.
Drei Münder geschlossen, allesamt.
Nur Blicke. Nicht EIN Aufschrei in mir.
Stattdessen, nun, vier Worte. Meine.
Das ist ja fantastisch.
Fünf kräftige Rappen, sich aufbäumend.
Gezügelt von finsteren, gesichtslosen Masken.
Als wäre EIN Schwur, EINE verhängnisvolle
Schwere diesem zu eigen, gebrochen worden.
Gleich EINEM Siegel.

■ Wir drei, bewegungslos dasitzend,
schweigen. Meine Frau, neben mir,
schweigt weit länger. Noch heute.
EIN knappes Jahr, nach diesem Tag
der Apokalypse, der Enthüllung.
Einzig durch fünf einzelne Worte.
In der Echokammer meiner Ärztin.
Mit Ecken und Kanten verortet.

■ Eben liegt er da, dieser See.
Vom FELS keine kreisrunde Spur mehr.

Knie nieder vor dem stillen Wesen.
Das ist fantastisch, wiederhole ich.
Mir EINER Ahnung gewiss, die sich,
endlich, aus kalten Schatten traut.
Im Schutze aller Offensichtlichkeit.

■ EINE Mutation, EINE, wie keine bisher,
sie ist des Menschen größtes Abenteuer.
Aufbruch im Kern. Vertrautes Neuland voraus.
Keimt auf. EINE ANDERE Sicht der Welt.
Newton und Darwin, verbannt und vereint.
Es geht zu Ende - und beginnt erneut.

■ EINE jede Zeit hat ihre verdingte Sicht.
Die Realität, sie zeigt sich entsprechend.
All ihre obskuren Vergangenheiten inklusive.
EINEM ständigen Wandel unterworfen.
Die Zeit, sie entspringt, derweil entzweit,
allen möglichen Gleichzeitigkeiten.
Tage, sie ziehen vorüber, beizeiten.
Einfach so. Mutierende Gegenwart.

■ *Fantastisch*, sage ich erneut.
Schauen EINANDER **WAHR**-haftig an.
Wir, meine Frau und ich, erheben uns.
Verlassen den Raum, ohne Fluchtgedanken.
Zurück indes bleibt *sie*, in zeitlosem Weiß,
sie, welche die Botschaft überbrachte.
Wir, im Nu eingetaucht, in des Alltags Laute,
reinkarniert als FELS, dessen Schatten nun
an das Licht der Sonne gelangen kann.

■ Leichten Schrittes folge ich *dem* Gefühl.
Brachgelegen, jetzt endgültig erweckt.
Aus der Gesellschaftsnarkose hochgeschreckt.
Meine Frau, sie begleitet mich.
Ihr Gesicht, von solch _{tief}gründiger Leere,
die un∞endliche Möglichkeiten offenlässt.
Diese Leere, sie kenne ich längst.

■ Unzählige Male habe ich, ANDERSwo,
sie betrachtet, sie innigst gespürt.
Mich ihr anvertraut. Von ihr infiziert.
Ahne, wo ich dieser Leere,
zwei-FELS-frei, erneut begegnen werde.
Von Angesicht zu Angesicht.
Mit bodenloser Aufrichtigkeit.
Um aufrichtig EIN Vergehen,
Schritt für Schritt, zu umgehen.

■ Vorbei an Fremden. Unterwegs,
die meisten, in alle anderen Richtungen.
Fremde, und doch unseresgleichen.
EINE beschuhte Symptomatik
komplett gedämpfter Interaktion.
Sich darbietend als erkranktes [S]y[s]t[e]m.
Schuhwerk, das drückt, auf irrigen Pfaden.
Es gleicht EINEM Immun[s]y[s]t[e]m,
geschlossen für Einflüsse von außen.

■ Die Ladentür öffne ich. Glockengleich,
die Ankündigung unserer Anwesenheiten.
EIN gewöhnliches Paar, allem Anschein nach.
Mein Anliegen unterbreitet,

was nur weniger Worte bedarf.
Man stutzt. Fragt nach. Ich bejahe.
Man schaut zu meiner Frau. Sie schweigt.
Man macht sich an die Arbeit.

■ Sonnenschein, er fällt.
Regen scheint, untrüglich,
es heute nicht zu geben.
Weiterhin ruht der See.
EIN sehr begehrtes Ausflugsziel.
Welches, wenn gesucht,
keineswegs leicht zu finden ist.

■ Mein Anliegen letztlich erfüllt.
Zehn T-Shirts das Ergebnis.
In der Größe der Gesellschaft,
dergestalt bisher nicht erhältlich.
Ergreife EINES, halte es [hoch].
Wie manch EINER es wohl täte,
mit einem fröhlich glucksenden Kind.
Das T-Shirt, Sonnenaufgang in infrarot.
Darauf vermerkt, in sich abkühlender
weißer Kondensstreifenschrift:

Ich LIEBE meinen Tumor !

■ Darüber EIN kleines weißes Herz.
Mehr braucht es nicht. Genug.
EINE nicht alltägliche Liebeserklärung.
Nach der man nahezu vergeblich sucht.
Selbst mit gängigsten Suchmaschi⊓e⊓.
Egal, in welcher internationalen Sprache.

8

■ Man sieht erneut zu meiner Frau.
Man öffnet den Mund.
Man schließt ihn sodann.
EINE Pforte, leere Räume verbindend.
EINE Brü‿cke, dort, wo das Unerkannte,
trotz Offensichtlichkeit, EINE Erkenntnis
in öffentliche Räumlichkeiten stellt.
Das ist Kunst, die motiviert, zu leben.
Viel zu selten ausgelebt, zeitlebens.
Und zugleich EIN weitreichender Fluch
unseres zweischneidigen Selbstbewusstseins.

■ Erneute Reinkarnation, wiederholt tätig,
in die breite Öffentlichkeit angedacht.
EINE zweite Haut zuvor anprobierend,
mich in ihr willkommen heißend.
EINES der T-Shirts trage ich nun.
Nun aber hinaus. Goodbye. *Ding-Dong.*
Vielleicht nunmehr, in manchen Augen,
EIN eher ungewöhnliches Paar.
Die Glocke verhallt. EIN elektronisches Modell.
Jede Eröffnung monoton. Tagein, tagaus.

■ *Das Schicksal ... ein mieser Verräter* [0] *?*
Keineswegs !
So steht es auf dem Rücken roter T-Shirts.
Von Eins bis Zehn. EIN Zahlenwerk.
Jeden kommenden Tag werde ich, fortan,
EINES von ihnen vortragen.
Kein Gewand EINES Königs.
Kein Kleidungsstück EINES Kaisers.

9

Einfach nur - die **WAHRHEIT**. Nackt.

■ Wie lange der Vortrag sich zutragen wird ?
Bis der Tumor entschwunden ist,
dessen Anwesenheit nicht länger notwendig.
Bis im Einklang ist, was von außen her
verstimmt worden ist.
Ohne sich dem Schicksal zu ergeben.
Ohne sich gefügt zu haben.
Bis meine Frau wieder zu sprechen vermag.
Fünf Reiter, seitdem, unsere ständigen Begleiter.

■ Ankunft daheim, Vier Kinderbeine.
EIN paar Jahre zwischen ihnen.
Freudig springen diese uns entgegen.
Was ist denn mit Mama los ?
Was ist denn das für ein knallrotes T-Shirt ?
Hast du das neu ? Eine kurze Pause.
Tumor ? Eine längere Pause.
Lasst uns ins Haus gehen, antworte ich,
auf ihre vier Fragen zugleich.
Vier harte Bälle, die, unmittelbar,
zurückgespielt werden sollen.
EIN Kinderspiel ? Mitnichten !

■ Viele Worte, reichlich Schweigen später,
Schweigen, welches still zu sein versucht.
Wind gesät. Peitschenden Sturm geerntet.
Die weiteren Aussichten unvorhersehbar.
Der See in Aufruhr. Der Versuch gescheitert.
Aufruhr, EINE Wende in der Not.
Meine Worte lautstark untermalt,

von weiblicher Wortlosigkeit.

■ Schwer wiegen Worte in Ohren,
die, aufgrund der Schwere,
die eigentliche Leichtigkeit in der Leere,
zwischen den Worten,
nicht **WAHR**-nehmen können.
Kognitives Unwetter allerorten.
Seite an Seite mit Ungemach.
Den roten Faden des Lebens nicht erkennend.
Die Rettungsleine *allen* Lebens.

■ Abendessen.
Verdauen, noch ehe erste Bissen,
zögernd, getätigt wurden.
Vier Menschen, ohne weitere Worte.
Umringt von fünf Reitern.
Ringgeister, wie Tolkien sie einst ersann?
Bereits dicht auf den Fersen von Gefährten.
Zu Beginn ihrer gemeinsamen Reise.
Der ungeplanten Reise,
zum Mittelpunkt der Erde.
Mitten hindurch, durch Mittelerde.
Welches keineswegs mittig liegt.
Und doch mittendrin. Im Leben.

■ Sind *sechs* Reiter, ^{hoch} zu Ross, notwendig,
damit die **WAHRHEIT** Gestalt annehmen kann?
Die **WAHRHEIT** über das Wesen des Lebens.
Sind derer fünf die Vorhut nur?
Verhüllte Vorboten **WAHRER** Lebenskunst?
Vorerst fünf Reiter der Apokalypse, trabend.

11

■ Vertrautheit beruht auf Vertrauen,
das jeder Einzelne einer Gemeinschaft,
in alle Anderen der Gemeinschaft hat.
Wortlos teilt sich Urvertrauen denen mit,
als gemeinsam erlebte Geschichte,
die zu vertrauen vermögen.
So, wie sich die **WAHRHEIT**,
zwischen sich wandelnden Betonungen
von *richtig* und *falsch*, geschickt verbirgt.
Ohne sich, endgültig als Fakt, auf EINE
der beiden Seiten ewig festzulegen.

■ Vertrauen baut auf Bestätigungen auf.
Nicht auf EINEN ermatteten Abglanz.
Sich findende Beziehungen, dergestalt,
in sich bestätigende Bindungen überführend.
Kφhärenz gemeinsam zum Ausdruck bringend.
EIN Gefühl, wie von einer ANDEREN Welt.
ANDERS und doch ganz nahe.
Kleinigkeiten durchweg großgeschrieben.
Ohne übertreiben, ohne schreien zu wollen.
Brückenbau, um HUNGER zu stillen.

■ Wir EINEN, eine paradoxe Spezies,
im Korsett von Verdrängung aufwachsend.
Unterwegs auf gebrochenen Achsen
mannigfaltiger (((Resonanzen))).
Es dekφhärieren Gemeinschaften
zu isoliert aufgetürmten Gesellschaften.
Suburbia, das neue *Disturbia*.
Wirtschaftliches Expandieren, auf Kosten

des Vertrauens, in gemeinsame Geschichten
von Familienkreisen und ganzen Völkern.

■ Erst alles vereinfacht. Dann verallgemeinert.
Entropie. Endloses Kopieren von Kopien.
EIN Unwesen, erschaffen zum hal|ben Preis,
aber auf doppelte Kosten all der Anderen
und aller ANDEREN, die obendrein
so anders uns EINEN erscheinen.
Fortschritt, angetrieben von starken Motoren,
statt vom beseelten Wind.
EINE gleichschaltende Maschinerie.
EIN Nimmersatt. Der Wahn der Normalität ?

■ In seiner Nabe hat das Rad des Lebens
immer mehr Spiel, immer mehr Raum.
Gebrochener Achsen wegen ?
Vom gemeinsamen Weg abkommen,
verkommen zu EINEM Gesellschaftsspiel.
Ver-APP-eln wir das Leben ?
H-APP-iness, so easy to get ?

■ *Einen Tumor lieben ?*
Diese Frage des Ältesten,
sie krallt sich in den Raum.
Kann man lieben, was EINEN
zu töten versucht ?
Diese gesellt sich dazu.
Ich betrachte das Antlitz meiner Frau.
So viele Gedankenfische schwimmen darin.
Je kleiner der Kontext, desto mehr mögliche,
verschieden betonte *Richtigkeiten*.

Je größer der Kontext, hingegen,
desto weniger Möglichkeiten
können tatsächlich überleben.

■ Schwinden die Ressourcen des Lebens,
bildet das Leben Diversität.
Nur wir EINEN begegnen dem Schwund,
dagegen, mit kriegerischer Gewalt.
Muss ein Kind davon wissen?
Vom Wahnsinn fortgeschrittenen Alters?
Vom Wirrwarr, das die **WAHRHEIT**
in EINEM uniformen Kettenhemd verstrickt?

■ Gleichfalls, ganz im Sinne des Tumors,
ließe sich fragen, ob Erreger
Krankheiten *primär* erregen,
oder nicht vielmehr, welch absurder Gedanke,
einzig Aufmerksamkeit *dahingehend* erregen,
dass primär eine Unausgewogenheit,
irgendwo im Körper bereits zugegen ist?

■ Ein Schwund hier, ein Übermaß dort.
Der Erreger somit *sekundär,*
vor Ort, eindringlichst vonnöten.
Vielleicht gar bedingt durch jenen Raum,
in dem sich der Körper bewegt, oder verharrt.
Sich, totgestellt, weiter fortbewegend.
EINEM Fortschritt verfallen.

■ Gleichwohl ließe sich fragen, ob Parasiten
Wirte einzig zum eigenen Vorteil nutzen,
oder aber angestauten Überschuss,

von etwas Wesentlichem,
über einen vermeintlichen Umweg,
auf die Gemeinschaft des Lebens verteilen ?
EINE vermeintliche Weitsicht,
als Kurzsichtigkeit sich weiter verbreitend.
EINER Seuche gleich,
die nach Brillen und Impfungen schreit.

■ Ist nicht längst die ^{höchst}gelobte
Errungenschaft der Menschen
die Verbergung EINER Erkrankung
und
der Verkauf dieser Errungenschaft –
als erstrebenswerte Gesundheit ?
Bei steigender Lebenserwartung ?
Deren Anstieg aber die kaschierte *Folge*,
der sich beschleunigenden Verbergung ist ?
Und somit nicht ohne Folgen bleibt ?!
Weil natürliche Lebenserwartung längst
EINE künstliche ✝odesvermeidung ist ?!

■ Sind es nicht die zahlreichen Gene, die,
notwendigerweise, ganz still sind ?
Damit wenige Gene fähig sind,
Kontext passend auszudrücken ?
Um die **WAHRHEIT** zu sagen,
nichts als die **WAHRHEIT**,
so **WAHR** ihnen das *Leben* hilft ?
Als Lebendigkeit bewahrende Mutation ?
Oder ANDERweitig expressiv ausgedrückt ?

■ Die größte aller Seuchen ?

Der Verlust von Kontext ?
EINE Seuche namens **B I G D A T A** ?
Deren Verkaufszahlen steigen und steigen,
weil Verbergung EIN lukratives
Geschäftsmodell ist ?
EIN digitaler Fußabdruck,
even bigger than BIGFOOT.

■ Mir bleibt, einer Reise zu Fuß zu vertrauen.
Ohne Schuhe. Ganz von den Socken.
Dem Zeitgeist die **WAHRHEIT** entlockend ?
Kuckuck, Kuckuck, schallt's es aus dem Wald.
Glockengleich. EIN Ton, der widerhallt.
Der Zeitgeist, das Oberhaupt
aller Fälscher von Lebenskunst,
Räuber, mit Vorliebe im Verborgenen
ganz offensichtlich operierend.

■ Meine vier Worte, das rote Manifest.
Meine Antwort auf Fragen,
welche die Gesellschaft nicht stellt
und, wenn bloßgestellt,
nicht mitEINANDER verbindet.
EINE Gesellschaft, für die es ohne Würde ist,
wenn man, aus eigenem Vermögen,
aus dem Leben scheidet,
durch sich selbst herbeigeführt.

■ Nichts gehört einem Lebewesen mehr
als die eigene Verkörperung.
Doch ist auch dieses Leben nur geliehen.
Vorübergehend ausgeborgt.

Stoff, aus dem Science-Fiction
maßgeschneidert wird.

■ Lemminge, die HUNGRIG sind,
spüren die WAHRHEIT.
Diejenigen, die hungrig
nach etwas Anderem sind,
bleiben derweil gierig –
ihr lebloser werdendes Leben lang.
Ohne je den gewundenen Weg
zur WAHRHEIT zu finden.
Irren durch den Wald,
von Baum zu Baum.
Suchen den Kuckuck.
In der Eintönigkeit.

■ Das Wesen des Lebens, es kennt
die ewige Quelle des Weges,
dem Lebendigen zu Füßen liegend.
Es kennt das weitreichende Vermögen
seines geschlängelten Verlaufs.
Ein schmaler Grat, keine ⬌ Einbahnstraße,
zwischen Lichtfülle und Lichterlosigkeit.
Die Schlange, im fortwährenden Wechselspiel
von ■ Yang und ☐ Yin.

■ Die Ahnung des Tumors, nun
Gewissheit durch technologische Möglichkeiten.
Für mich EINE Notwendigkeit.
Notwendig, beileibe nicht nur für mich.
Auch für all jene Kreise,
in denen ich mich barfuß bewege.

Den roten Faden ganz offenherzig
zur näheren Beschauung tragend.
EIN vermeintliches Feindbild,
zur Freisetzung verkrusteter Energien.
Am verschwommenen Rande, zum Chaos hin.
Sich anhäufende Unordnung zuhauf.
Altlasten, mit lang währender Halbwertszeit.

■ Bewusstwerdung hat die Notwendigkeit,
EINER karzinogenen Überschreitung
in mir, daher im verwebten Sinn.
Um des Herbeiführens EINER Wende
in schweigsamen Nöten willen.
Damit ich all den Möglichkeiten
überall wagemut begegnen kann,
denen ich mich anverwandeln mag.
Um, wenn auch unter Schmerzen
und in direkter Begegnung
mit verdrängten Dunkelheiten,
weitestgehend zu verunmöglichen,
was die eigentliche tumoröse Genesis ist.

■ Daher *dieser* Weg, in neue, tiefe Räume,
die gänzlich ANDERS sind –
und schrittweise A N D E R S werden.
EIN Weg, auf welchem ich mich,
meine vier Worte geäußert,
nun befinde. Begleitet vom roten Manifest,
in Größe L, sowie der, mit keinem weiteren Wort,
angezwei̥felten Wortlosigkeit meiner Frau.

■ Eine ganz stille Revolution ?

18

Hin und wieder unbequeme Schuhe tragend,
die weder mein eigener Stil,
noch in meiner Größe verfügbar sind.
Während Maschi∏e∏ immer schneller *er*lernen,
was unsere Körper zunehmend *ver*lernen.
Während wir *deren* Sprachen eher nutzen,
als dass sie unsere Sprachen, im Kontext
allen Lebens, je verstehen können.

■ *Dieser* Weg muss es für *mich* sein.
Aller kommenden Begegnungen wegen.
Keine verworrenen Pfade,
die viele Andere passiv begehen.
Allem voran den schnellsten Weg Einzelner,
kopflos, zu allen möglichen Zielen.
Kein Vordringen zum Kern indes.
Hauptsache viel w e i t e r als bisher.
Mit dem Kopf durch die Wand.
Mit der Kettensäge durch den Wald.
Mit alten Problemen neue Probleme schaffen,
ohne die alten, nicht einmal im Ansatz,
aufzulösen.

■ Versprechen die Früchte,
dieser **MASSEN**-tauglichen Entwicklung,
nicht ungemein Schmackhaftes ?
Sich verführerisch, makellos,
als technologischer Fortschritt,
ins rechte Licht zu rücken wissend ?
Mit harten, schwarzen Kernen.
Bitter wie reinstes Zyanid.
Schwarz wie das Öl aus der _{Tiefe} der Erde.

Den Fortschritt rasant anfeuernd.
Weshalb weitere menschliche Lämpchen,
verstrickt in EINEM geschlossenen Stromkreis,
sich selbst aus der Fassung herausdrehen
und geradewegs fassungslos werden.

■ Jede Erfindung erfindet
all die Katastrophen mit, die
in der Nutzung der Erfindung sich,
im Laufe der Zeit, ergeben werden.
Zumindest aus Sicht von uns EINEN.
Die ANDEREN sehen das ANDERS.
Ohne Verfälschung und Verallgemeinerung.
In deren Welt, die auch unsere ist,
gibt es kein Problem. Nicht **EINS**.
Einzig Lösungen, sich als Lösungsweg,
langsam, durch die Geschicke
des Lebens aller Wesen schlängelnd.

■ Wir EINEN nennen es **EVOLUTION**,
sehen aber nur die halbe **WAHRHEIT** darin.
Rührt daher die Angst mancher Menschen
vor sich schlängelnden Schlangen ?
Wollen nichts hören von Devolution.
Weil wir das **WAHRE** Wesen
nicht unverhüllt **WAHR**-nehmen wollen.
Verkleiden es selbst immer schneller.
Schicht für Schicht.
Unsere Sicht von Geschichtsschreibung.
Von jenen verfasst, die an keiner Schicht
unmittelbar selbst beteiligt waren.

■ Ist Devolution die EVOLUTION des Menschen,
mit EINEM immer größer werdenden D davor ?
EINE andere Bedeutung von Kapital ?
Sind Wucherungen deutliche Anzeichen
für EINEN Mangel an eindeutiger Energie,
weil der HUNGER eben *nicht*
kurzsichtig gestillt werden kann ?
Oder ist Kφhärenz, als eindeutige Energie,
die unterwegs *nicht* anverwandelt werden kann,
Hinweis auf EIN wesentliches Unvermögen ?
EINES, das uns immerfort suchen lässt ?

■ Wie erkläre ich nun unserem Ältesten,
aufgrund der Fülle an solchen Gedankengängen,
die Bedeutung des roten Fadens,
sich durch mein bisheriges Leben windend ?
Inzwischen EIN T-Shirt. EINES von zehn.
Zudem EINE gesellschaftliche Provokation.
Begleitet von etlichen Fragen.
Von Blicken - und Schweigen.
EIN Schweigen, welches anders als Stille ist.
Schwerer wiegt. Tiefer fällt. Viel tiefer sinkt.

■ Unzählige Permutationen von Worten,
mit denen sich das Schlachtfeld
eindringlich beschreiben ließe.
Tumoröse Hinterlassenschaften,
weil man ihn nur machen lässt,
ohne selbst an der Geschichte teilzunehmen ?
Meinem jetzigen Weg vertrauend,
dessen Verlauf erspürend,
könnte ich den Fragen meines Sohnes

Richtung geben. Mit Worten,
um Schweigen in Stille zu transformieren,
die ihrerseits keine Bürde ist.
Doch welche Permutationen wähle ich ?
Oder gibt es brauchbare Alternativen ?

■ Bilder !
^{Hoch}auflösende Zeugnisse vom Tumor.
In Farbe, HD, detailliert, 3D, zum Anfassen.
Verspieltes Deuten von Tumorformen,
vergänglichen Wolkengebilden ähnlich.
Das Entdecken von Diversem.
Von Fabelwesen, Falken, oder Alltäglichem.
EIN Frohsinn stiftendes Gesellschaftsspiel ?
Für wie viele Mitspieler ?
Für welches Alter bestens geeignet ?

■ T-Shirts !
Ja, seht nur alle her. Sie gibt es
wie feinen Sand am tosenden Meer.
Wie Tropfen von Wasser im selbigen.
Auf keinem aber steht: *Ich LIEBE meinen Tumor !*
Zumindest bisher. Da fällt mir ein:
#Fuck off Henry gibt es schon länger.

■ Haustiere !
Heißt auch nur EIN geliebtes Kätzchen,
EIN treuer Hund, EIN Wellensittich,
Tumor, Cancer, Melanom, Entartung oder
Todesursache Nummer 2 !?

■ Lied !
EIN solches für seinen Tumor komponieren ?
Ausverkaufte Konzerte, allerorten.
Cancer in concert ! Tumor on Tour !!
Derartige $\big(\big(\big({}_{(}\text{Resonanz}{}_{)}\big)\big)\big)$,
EIN **MASSEN**-phänomen.

■ Gemälde !
EINES, das den Tumor thematisiert.
Gemalt in den irrealen Farben des Regenbogens.
EIN gerahmter Fang von Blicken,
die eigenen vier Wände schmückend.
EIN Blickfang für jeden Besucher.
Für jeden Gast, im geräumigen Haus
des Gastgebers, ersichtlich.
Für Gäste, vom Tisch des Gastgebers speisend.
Deren Gedanken, ansonsten,
um ganz andere Dinge kreisen.

■ Fotografie !
EIN Familienalbum der anderen Art.
Bewahren, was Andere vergessen wollen.
Was Viele nicht **WAHR**-haben wollen.
Das Hauptmotiv ? Die **WAHRHEIT** !
Nackt und blank.
Wie Schädel ohne Haare.
Wie Augenringe ohne Sonnenbrille.
Wie Hämatome ohne Kleidung.

■ Skulptur !
Nein, die Venus war gestern,
so raunt es durch die staunende Menge.

Schaut, dort steht es.
Gemeint ist ein fortgeschrittenes
Pankreaskarzinom, zur Schau gestellt
hinter dickem Panzerglas.
In EINEM Käfig !
EIN parasitäres Kunsterlebnis ?

■ Gute Witze ! Lustige Geschichten !
EINE Herausforderung der besonderen Art.
Die Königsklasse der Unterhaltungskultur.
Fingerspitzengefühl, das Äquivalent,
zu *dem* Gefühl, welchem ich folge ?

■ *Versuche mir zu vertrauen,* sage ich endlich,
dem Ältesten der Jungen ganz nah.
Lass mich dir versprechen, dass ich Alles,
mir Mögliche, unternehmen werde,
wozu nur ich selbst imstande sein kann,
damit wieder in Einklang kommt,
was auf Abwege geraten ist.
Zu welch tiefem *Vertrauen du in der Lage bist,*
erahnst du kaum, da du gerade erst
dem tiefsten *aller Vertrauen entwächst.*
Wahrscheinlich bleiben Zwe¿fel deinerseits,
um mir wirklich vertrauen zu können.
Was völlig in Ordnung ist.
Ich sehe es ihm in aller Deutlichkeit an.
Gemeinsame Stille, sie saugt bereits, behutsam,
erste Zwe¿fel aus seinem vorpubertären Werden.
Erste Schritte. Zaghaft. Tastend.

■ Der Klang ist die Welt.

Die Stille ihr **WAHRES** Vermögen.
Die einzige Lebenskunst,
derer das Leben wirklich bedarf ?
War es jemals anders ?
ANDERS gar ?
Alle Künste demgemäß EINE Lüge ?
Der **WAHRHEIT** wegen ?
Um sich als Wahrheiten
durch lineare Zeiten zu bewegen ?

■ Sterben - das Loslassen des Körpers.
Zugleich Teil der **GESCHICHTE**,
welche die Lebensform,
in ihrer ❂nergetischen Mitte,
unvoreingenommen willkommen heißt.
Jede Lebensform ein Lebenskünstler,
dessen Werk umso mehr, nach dessen ✞od,
das Vermögen des Lebens bereichert,
je näher der Körper des Künstlers,
bis zu dessen ✞od, dem Wesen kommen kann.

■ *Vertraue mir,* wiederhole ich.
Lasst mich euch an meiner Seite spüren,
egal, was in nächster Zeit
auch geschehen mag.
Mein Vertrauen in mich,
es soll auch dein Vertrauen sein.
Es ist EIN ANDERES Vertrauen als jenes,
welches uns bereits verbindet,
seit du geboren wurdest.
Eines, dem du nur vertrauen kannst,
weil uns bereits so Vieles verbunden hält.

In meine Arme wirft er sich.
Drückt sein Gesicht seitlich in roten Stoff.
Atmet deutlich spürbar aus. Druck entweicht.
Stille, die von Zwe¿fel befreit.
Tränen folgen, heiß und glänzend.
Langsam fließen sie unsere Wangen herab.

■ **ALLES** dreht sich um den **HUNGER**.
Wie eine Fibonacci-Spirale,
die sich dem Goldenen ∼ Schnitt annähert.
Eine irrationale Idee ist dieses.
Eine, die den Zeitgeist schwindeln lässt.

■ Im Bett liege ich später, gleichfalls wortlos,
neben meiner Frau. Dunkel im Raum.
Realität scheint Lichtjahre entfernt
und ist es **WAHR**-scheinlich auch.
Meine Frau hält meine, ich ihre Hand.
Beide Kinder schlafen längst.

■ Geteiltes Leid ist hal|bes Leid.
Verteiltes Glück indes verdoppeltes Glück.
Viermal gewichtiger als geteiltes Leid.
Keineswegs als Last empfunden.
Für mitgeteiltes Leid gilt selbiges.
Sowie für die €nergie von vier Worten.

■ Wie steht es nun um EINEN Tumor,
seine Aufmerksamkeitsbedürftigkeit
im Körper, mitunter, verteilend ?
Aufgrund unstillbaren Hungers ?
Geteilter Ansicht kann man diesbezüglich sein.

Auch gemeinsam. Keine Frage.

■ Mit winzigen Bewegungen der Finger
beginnen unsere Hände, mitEINANDER,
eine Kommunion zu unterhalten.
Unterwegs auf zwei ungleichen Wegen,
um stets die Mitte wahren zu können.
Im Ausgleich von Annäherung.
Der körperbewusste Tanz auf der Membrane.
Beschwingtheit im Kern.
Elektromagnetisch bewegt.
Zwei Körper, im Wesentlichen vereint.
Ich liebe dich, flüstere ich,
die Augen geschlossen.
Den Vorhang, ihn bewegt der Wind.

■ ☐ Das wahre Abenteuer – es beginnt.

☐ ☐ Immer wieder dieser eine Traum
Von EINEM ANDEREN Ort.
Seit etlichen Wochen nunmehr.
Ein Einblick für EINEN in die Wirklichkeit ?
Das unbekannte Terrain ?
Die mit Rätseln behaftete *Terra incognita* ?
Nein, keineswegs unvertraut.
Hier, der ungetrübte Blick ins Tal.
Ohne Nebel. Ohne Schleier. Ohne Wahn.
Tief schwarze Kronen auf der EINEN,
weiß erblühte auf der ANDEREN Seite.

☐ Zwei Welten, getren nt.
Durch den Fluss, inmitten,
sich windend verbunden.
Sein Wasser, beide Hälften selbstlos nährend.
Verteilt, ohne zu unterscheiden,
derart gewachsenes Vertrauen,
durch verflossene Zeiten.
Eⓧformiert, von der Quelle an.
Glücklich ist, wer die Quelle fühlt.
Ihr sein Vertrauen schenken kann.
Bedingungslos in ihr baden mag.
Über jeden Zwe¿fel erhaben.
Der Fluss, sich hinabschlängelnd.
Die Schlange, allgegenwärtig. Jetzt.

☐ Stille, sie ist hier immanent.
Hier kann sie dergestalt schweigsam sein.
Hier kann ich selbst wesentlich werden.
Ehrlich sein, dem gegenüber, der ich,
jenseits des Traumes, ansonsten zu sein habe.

28

Womit die Problematisierung dessen,
was mein Lebenslauf ist,
Laufen lernen konnte,
Zähne bekam. Festgebissen seitdem.
Längst, zwischen Zahnrädern verkettet,
getrieben rennend. Außer Atem.
Hin zur realisierten Bewusstwerdung
EINES mobilen Stillstandes.
Lauter Teilhaber EINER Gigama$chin€ri€.
Mit fortschreitender Schnelligkeit kompensiert ?
Zumal Stillstand nicht bedeutet,
in Stille verwoben zu verweilen.

☐ Irgendwo mag EINE Rote Königin,
dem Wahnsinn unbedingt,
doch nicht bedingungslos, ergeben,
EIN umtriebiges Grinsen zur Schau stellen.
Anderswo aber weiße Schrift auf Rot
der **WAHRHEIT** weitaus näher sein.
Wahn, EINE Geisteskrankheit,
sich im Lebendigsein ausheilend.
Dafür gelange ich hierhin.
Dafür gilt es EINE Phobie,
gegenüber Schlangen, abzulegen.

☐ Geschmiedet als geplante Rüstung,
gegen ungeplante Veränderungen.
Sie abzulegen, um den Weg ins Tal zu gehen,
auf dem nichts auf Zufall hinweist.
Zeitgeist kann hier nicht enthemmt,
ohne Kettenhemd, existieren,
weil er hier seine Beherrschung verliert,

weil Zufall seine leichtgläubige Antwort
auf vieles, für manch EINEN
gar auf **ALLES**, ist.

☐ Es mag als Zufall erscheinen,
was bereits Teil der Lösung ist,
kommen zwei oder mehr
Notwendigkeiten zusammen.
Pssst, ein kleines Geheimnis.
Umso größer und kompleXer werdend,
je mehr Zufälle sich zu ereignen scheinen.

☐ **WAHRHEIT**. Im Sinne der Kφhärenz.
Zwischen geraden Zeilen,
mit geschlossenen Augen lesen.
Gefühlt das **GANZE** erspüren.
Erfahre den Sog, der dich mit sich nimmt.
Lasse los, woran du dich klammerst.
Dein lebloser werdendes Leben lang.
Folge der Stimme des Grenzgängers.
Verfolge nicht den Druck, der dich glauben lässt,
du wärst, dich auf Augen^{höhe}
mit dem Zeitgeist stets wähnend,
geradewegs bereits weit voraus.

☐ **WAHRHEIT**. Jenseits von Spinnerei.
Dem beschwingten Empfinden
von $((($Resonanz$)))$ vertrauend.
WAHRER Reichtum ist Verschiedenheit.
Ein Meer voller Ideen und weit mehr
als Nullen und Einsen, allein, je bieten.
Umso mehr **EINS** seiend,

je mehr jedes einzelne Mitglied,
ohne Ängste bis zum Kern, *es* selbst sein kann.
Ohne vereinzelt herumzuirren.
Nullsummenspiel, ohne auf Kosten
des Lebens zu gehen.
Leben - umso mehr **EINS**, je
weniger Nullen das **EINS**-Sein z er stüc kel n.

☐ **WAHRER** Fortschritt
ist wie das Wasser des Flusses.
Wo die Beziehung von Mond und Erde
dem Horizont, talabwärts, entgegenschwimmt.
Technologischer Fortschritt, *ha*,
der liebgewonnene Sirenengesang,
gar festes Wachs in Ohren erweichend.
EINE trügerische Realisierung
des an Symptomen reichen Wahns,
durch den Raub von Kɸhärenz.
Durch verallgemeinernde Normalisierungen.
Durch finalen Verlust verwurzelter Beziehungen.
Durch Zerstörung von Verwobenheit.
Durch Flussbegradigung und Staudammbau.
Durch EINEN Rattenschwanz.
Durch und durch verstrickt.

☐ **DATEN** für alle, anstelle wohlgemeinter Taten.
Informationszeitalter ? Welch EIN Widerspruch,
zur **DATEN**-Diktatur, in der wir längst hausen.
Man trifft sich überall an Hot Spots,
die keine natürlichen Wasserquellen sind.
Die **WAHRHEIT**, man trifft sie dort nicht an.
Von BIGFOOT ganz zu schweigen.

Obwohl wir EINEN es sind,
auf großem Fuß fortschreitend.
Schneller und weiter, beschuht,
über das Hier und Jetzt hinaus.

☐ Derart progressiv lassen wir uns
von all den Möglichkeiten der DATEN,
von entwurzelten Informationen,
zu geistreichen Ideen verführen.
Gekettet an die Zeit und
an die aktuelle Generation.
Samt Peitsche, als kostspieliges Werbegeschenk.
Copy & Paste. Clone & Waste. Shop & Drop.
In vivo wird zu *in vitro*. Verformt sich zu *in silico*.
Und doch gilt einzig *ex virus omnis*.
Worauf sich kein Imperium errichten,
keine Herrschaft aufbauen und
nicht in Profit suhlen lässt.

☐ DATEN gebären, rasch,
Generationen geklonter Zeitgeister,
die immer häufiger in Zeitmaschiⴖeⴖ hocken.
Um dem Augenblick entfliehen zu können.
Um Kφhärenz zu verbocken.
Vom Zeitgeist in die Maschine gelockt.
EINE rostfreie Verkettung von Wahnsinn.
EINE Blutlinie, die kein roter Faden ist.
Vermehrt Anderen den erlebten Wahn
in die Schuhe schiebend und ANDEREN,
die unbeschuht gemeinsames Vermögen ausbilden.
Uns dabei nicht aus *deren* Wirkkreis lassend.
EIN Teufelskreis, wie wir ihn sehen

und zusätzlich noch missverstehen.

☐ Sind die eigentlichen Kranken, jene voller Unheil,
die normal Erscheinenden ? Multiple Dekøhärenz
die Zivilisationskrankheit schlechthin ?
EIN anderer Name für Demenz ?
EIN Überfluss von Energie, die, von Natur aus,
nicht derart vor Ort verfügbar ist ?
Die daher Grenzen, die Kφhärenz bewahren,
gewaltsam sprengt ? Mit Hilfe von Technologie,
die das Hinauszögern des natürlichen ✝odestages,
statistisch relevant, bewirkt ?
Weshalb wir EINEN in Energie ertrinken,
zu der wir keine wesentliche Beziehung haben ?

☐ Hier fliegt er hin, ein Admiral,
sich niederlassend auf meiner geträumten Haut.
Ich spüre seine ANDERS geartete Wesenheit.
Wie er meine erspürt, auf sechs zarten Brü⌢cken,
zwischen zwei Welten, die im Kern **EINS** sind.
Stille macht fühlsam. Keineswegs einsam.
In der Realität, jenseits der Stille hier,
scheut man die Stille. Erlebt sie als Graus.
Ersetzt sie lieber durch Schweigen.
Weil man nicht fühlsam sein will ?
Und immer weniger zu sein braucht ?
Outsourcing im globalen Stil.
Obwohl man nicht einsam sein will.

☐ Menschen, zwischen **DATEN**-Last
und dem Fluss von Informationen.
Des Lebens Dualität, des Lebens einziges,

wirkliches Problem. Das PROBLEM.
Der EINE Fehdenhandschuh,
den ANDEREN vorgeworfen.
Der Vorwurf eingebrannt in das Fundament
unserer Selbstbewusstwerdung.
Eine Phil•harmonie, die neben sich steht
und den Einklang nicht trifft.
Lebensnotwendig trotz alledem.
Weil das PROBLEM, *pssst*,
Lebendigkeit auf EINEM
ANDEREN Weg ver$_{tieft}$.
Und weil EIN Leben mit ANDEREN
ganz anders zu klingen vermag.
Das Leben – das Offensichtlichste
aller Verstecke ?

☐ *Reinventing the Sacred*[1] .
Rief ich es nicht jüngst vom Gipfel,
welcher nun hinter mir liegt ?
Die Apokalypse, in allen Zellen des Körpers.
EIN Tritt hinaus aus der Devolution.
Hinein, voller Lebensfreude, in die Involution.
In die **WAHRE EVOLUTION** des Lebensgefühls.

☐ Ungetrübter Ausblick ins Tal,
aus einem Fenster ohne Rahmen.
Mich nicht mehr länger damit begnügend,
mich auf der Schulter von Giganten auszuruhen.
Nein, mir der Gefahr klarwerdend,
dass mehr **MASSE**, und somit Schwerfälligkeit,
nicht mit einem wesentlichen Zuviel einhergeht,
sondern mit EINEM Verlust an Wesentlichem.

Weshalb wir EINEN immer dicker werden ?
Und unsere Teleskope immer größer ?
Das Entdecken EINES fernen, schwarzen Loches,
EINE mediale Sensation, das unmittelbar
Werdende vor Ort, es verblasst dagegen.

☐ Der einzige Ausweg,
aus diesem verteufelten Kreisverkehr,
es sind die Mutationen
bewährter Akkorde von Klangfolgen –
sowie Neuexpressionen von Klangsequenzen.
Wäre der geträumte Fluss hier,
sich talwärts hinabschlängelnd, *Die Moldau*,
dann wäre der erträumte Ausweg
EINE ANDERS erklingende Interpretation.
Diesen Ausweg zu begehen,
es erfordert verwobenes Vertrauen,
einhergehend mit äußerstem Mut.
Sich in Wirklichkeit offenbarend,
als die Sensibilisierung für
WAHREN Fortschritt.
Aufbauend auf der bedingungslosen
Grundbedingung des Lebens. *LIEBE*.

☐ **WAHRE** *LIEBE* zu verschenken -
notwendiger denn je.
Durch Loslassen. Damit zurückkehren kann,
was sich aufmachte, eigene Wege zu gehen.
Das Vermögen, welches wirklich wesentlich ist,
auf diesem Wege bereichernd.
Ohne materielle Umtauschgarantien.
Ohne Verfalls**daten**

Ohne weitere Optionen.
Ohne weitere Bedingungen zu stellen.

☐ Zu *LIEBEN*, in der Begegnung
eigener Möglichkeiten.
Die an Grenzen stießen und zurückkehrten,
davon erzählend. Hörensagen. Aus erster Hand.
Von jeglichem Zwe¿fel frei,
ohne je von Zwe¿feln befreit werden zu müssen.
Motivation ermöglichend,
die das Leben benötigt,
um, daraufhin, diese Grenze
respektieren zu können.
Selbst die Grenze des ♰odes.
In Liebe für das **GANZE**. Welche die
einzig **WAHRE** *LIEBE* ist.

☐ Wie immer, so auch nun,
wölbt der Himmel sich hier,
Grau in Grau, über mich.
Ein Kokon, in dem der Schmetterling
zu ahnen beginnt, was es bedeuten mag,
nicht länger Raupe sein zu können.
An meiner Seite, der mich begleitende Wind.
Sein beruhigendes Flüstern, das Grau mit Grau,
geschickt, vermischt. Ein Wiegenlied.
EINE verblassende Erinnerung,
an eine, ohnehin schon, graue Vorzeit.

☐ Folge der Stille mit Blicken.
Höre dem Sog beim Atmen zu.
Rieche das Potenzial des Waldes,

dort unten gelegen im Tal.
Leben, es motiviert sich selbst,
um Wald zu werden.
Spüre EINE Leere, die erfüllt werden will.
Monarchfaltern gleich,
ANDERSwo Kontinente durchquerend.
Um als neuer König heimzukehren.
Ein alljährlich ungeplanter Feldzug,
ohne EINEN Anflug kriegerischer Züge.
Ohne sich als Herrscher der Lüfte aufzuspielen.
Ohne Blüten als Untertanen anzusehen.
Weit und breit kein Trugbild von Frieden,
im Rahmen eines ungelösten PROBLEMS.

☐ Will wie Wasser sein. Erfüllt vom Sein.
Bin Fötus. Ein Schwebewesen. Werde.
Noch blind für die Realität.
Daher Mutters Wesen so nahe,
jener Metapher
für HARMONISIERENDE Wortlosigkeit.
Für die wir alle möglichen Worte gebrauchen.
Auf der Suche nach Harmonie.
Ohne das Wort **WAHRHEIT**
in den Mund zu nehmen.
Ganz zu schweigen von LIEBE.
Lieber lecken wir unsere Kettenglieder rund
und bleiben, was wir sind: weidwund.

☐ *Simplification adds to entropy,*
whereas keeping it as simple
as possible is the way of life.
Sun, magnetic fields and water,

as simple as that,
and brimful of wonders, too.

☐ Setze meinen Weg fort,
während Stille vorwegnimmt, was folgen mag.
Verstaubte Geschichtsbücher,
hört nur hin, wie sie schweigen.
Verkünden schweigend, Sklaverei
sei längst nicht mehr gesellschaftskonform.
Dabei ist sie noch immer allgegenwärtig.
Wird, mitunter, bereitwillig gefordert.
Öffentlich gefördert. Hat Wachstumspotenzial,
dem gemeinsam Gewachsenes geopfert wird.

☐ Ja, leugnet es nur, ihr, jenseits von hier.
Sklaven aber sind wir weiterhin.
Ohne offensichtliche Ketten zwar,
weil immer länger werdende Verkettungen
von immer mehr Problemen nicht als,
zunehmend schwerer wiegende,
Kette wahrgenommen wird.
Aufgrund moderner Materialien ?
Aufgrund von Kundenbindung ?
Aufgrund dauerhafter Verfügbarkeit ?
Und Kettenstärken im Nano-Bereich ?

☐ Das eigentliche PROBLEM, indes ?
Die propagandistische Verleugnung
der ANDEREN Hälfte, ganz gewiss.
Durch mathematisch verdichtetes f(ormelwerk).
EINE Formel für die ganze, weite Welt.
Ohne allerdings das ANDERE mit einzubeziehen.

EIN Experte ist befreit von ▉E▉X▉formation.
Wirklich frei zu sein, hingegen,
bedeutet etwas A N D E R E S.
Wie blöd, entfährt es mir hier,
ist das denn nur ? Verrückt !
Verrückt vom Goldenen ∼ Schnitt.

☐ Ist Liebe in der Lage, EINEN Tumor
in die Gemeinschaft zurückzuführen ?
Gänzlich ohne Schuldgefühl ?
Geduldig auf Nachzügler wartend.
Einzig unter Bewahrung
des Gefühls für Kφhärenz.
Jenem Gefühl des goldenen Mittelweges.
Um **WAHRER** ℒℐℰℬℰ zu begegnen.
Um gar jenes goldene Gefäß vorzufinden,
am Ende eines Regenbogens ?
Der Heilige Gral. Einzig ein Mythos ?
Der **WAHRHEIT** daher näher,
als die meisten Niederschriften
unserer vereinzelten Geschichten ?
Jene weißen Sprenkel, versprengt
auf weißem Untergrund ?

☐ Mein Blick schweift über freies Land,
so wie nackte Haut lautlos
über nackte Haut gleitet.
Entsprechend nackt ziehe ich zeitlos weiter.
Barfuß weiter dem Tal entgegen.
Tiefer in die Stille hinein,
dem Wald näherkommend.
Dorthin, wo der eigentliche Teufel los ist.

Wo im Detail steckt, wofür wir EINEN
EINEN räuberischen Fortschritt ersinnen.
Erst dadurch weitläufige, nimmersatte
Flächenbrände entfachend.
Gräber aushebend, die wir als Gräben verkaufen,
um *den* Brand in den Griff zu bekommen,
den wir selbst, verblendet, entfacht haben.
Pssst, auch dieses ist EINES, von vielen,
zugänglichen Geheimnissen unserer Spezies.

☐ ■ Die Realität, sie verlangt nach mir.
Ich werde wiederkehren.
Bald.
Vorerst aber kehre ich zurück zu euch,
eure eigenen Träume träumend,
in jener Welt, die wir teilen.
Stück für Stück.

■ ■ Es ist dies der erste Morgen
nach fünf behuften Worten.
Noch vor Sonnenaufgang.
Flüsterleise erhebe ich mich.
Den Vorhang hat längst, mit dem Versprechen
auf alsbaldiges Wiederholen,
der Wind allein zurückgelassen.
Bewege mich aus Bett und Zimmer.
Meine Frau, weiterschlafend, weiß längst
um die Bedeutung dieses ungewöhnlichen,
frühmorgendlichen Rituals.
Von Bedeutung für mein allegorisches Ich.
Du bist verrückt, hatte sie gesagt,
bevor fünf Reiter in unser Leben geritten kamen.
Wie **WAHR**, wie **WAHR**. Viva la vida.
So begann dieses Ritual des Sonnengrußes,
ehe aus Ahnung Anverwandlung wurde.
Das Gefühl, dem ich folge. T-Shirt für T-Shirt.

■ Ein paar Schlucke Wasser. Dann hinaus.
Hinauf. Und hinein. In diese Leere.
Erneute Infektion mit Wesentlichem.
Lasse mich nieder, dort,
im miteinANDER gewachsenen Rund
der Gemeinschaft stämmiger Alteingesessener.
Nahezu zweitausend Schritte
eines erkundungsfreudigen Kindes
vom Haus entfernt. Eines Kindes,
welches frei erkunden darf.

■ Wohne den vielstimmigen Erzählungen,
des längst Gewesenen und vormals Zukünftigen,

all der verzweigten Alteingesessenen bei.

Sie weihen mich ein, die $_{Tief}$wurzelnden.

Durch das Wiegen ihrer Äste.

Durch flüsterleises Rauschen ihrer Blätter.

Aufrechtstehend. Nicht emporwachsend,

des besseren Überblicks über die Zeiten

und Epochen wegen. Der Sonne entgegen,

verwurzelt im einzigen Augenblick

vieler Zeiten, der Notwendigkeit wegen.

Dem Lösungsweg ^{Höhe} ermöglichend.

Wachsen, soweit ihnen möglich ist,

niemals ^{höher} als wirklich notwendig,

direkt an Ort und Stelle.

Zwecks Bewahrung der HARMONIE.

Horizontal und vertikal.

Transfer von Wesenheiten.

Transfer von Bedeutsamkeiten,

für eben diese lebendige HARMONIE.

An $_{Tiefe}$ gewinnen. Raumfüllend. Mehr als 3D.

Solange Probleme weitere Probleme schaffen.

Solange die Lösung für das PROBLEM

A N D E R Swo liegt. Dort, wo ANDERE,

augenscheinlich, keinen direkten Zutritt haben.

Absichtlich ausgesperrt,

von uns selbstbewussten EINEN ?

Der Sinn dessen uns selbst noch verborgen ?

WAHRHEIT, reift sie, Früchten gleich,

um uns für EINEN ANDEREN Geschmack

zu sensibilisieren ?

■ Das Rauschen der Bäume, es begehrt auf.

Es ist der Wind, der, berauscht,

von einer nächtlichen Verabredung schwärmt.
Sein Glück verteilend, auf all die Bäume hier.
Auf dass es länger in Erinnerung
gemeinsam verweilen kann.
Ohne EIN Ansinnen von Verewigung.

■ Das Schauspiel an diesem Morgen,
es beginnt. Auf die Minute ungenau.
Es ist, wie nicht ANDERS zu erwarten,
die pure Freude der Begleitung.
Des Dabeiseins. Bedingungslose Anwesenheit.
In dieser resonierenden Stille,
welche EINE Abwesenheit verkörpert.
Ich selbst, inmitten der Bäume, freier Blick
zum östlichen Horizont, sehe mich
selbst nicht als EINEN Eindringling an.

■ Werde involviert.
Angereichert ist die Luft bereits,
mit ANDEREN Stimmen.
Allesamt unbeirrt, trotz des EINEN,
der zwischen den Welten wandelt.
Nicht nur geduldet, nein, aufgenommen
fühle ich mich längst, als Einer
der EINEN, der anwesend ist,
unter vielen anderen ANDEREN.
Auf dem schmalen Grat realisierter Dualität,
den Balanceakt klargelegt bekommend.
Kostümierende **DATEN**-Lasten abwerfend,
sich der Diktatur entziehend.
Um nicht noch weiter verrückt zu werden.
Ein Schöpfen, ohne Entleerung.

Daher die ₜₑ𝒻 gründige Stille,
trotz all der ANDEREN Stimmen.

■ Hier eingefunden, um zu geben.
Kehre nun wieder, um zu fühlen.
Vergesellschaftet, um gemeinsam
Heilung zu erfahren.
Bewusstwerdung dorthin bewegend,
wo der Gedanke vorherrscht,
man lebe auf ᴴᵒʰᵉ der Zeit.
An deren Zeigern man dreht.
An deren tickenden Uhren man schraubt.
Die Norm gleichsam verrückt ?
Verrückt vom schmalen Grat ?
Absturzgefahr !

■ Verkörpertes Zeugnis der **WAHRHEIT**,
das möchte ich sein, da der Irrtum,
die Krone der Schöpfung zu sein,
das Werk des Zeitgeistes ist.
Den wir EINEN ins Leben ließen.
In dem vom Schicksal behafteten Moment,
als wir EINEN, erhellt,
EINEN gänzlich anderen Weg begingen.
EINEN anderen als all die ANDEREN.
Das wesentliche PROBLEM,
es ward somit geboren.

■ Eine monochrome Zwillingsgeburt
erblickte das Licht des Lebens.
Und besteht seitdem.
In Form unzähliger Fragmente.

Spiegelsplitter. Scharfkantig.
Wie **BRUCH**-Stücke eines FELSENS.
Seither reiht sich EINE Verrücktheit
an die nächste – und wirkt ganz normal.
Wie eine länger werdende Reihe
schwarzer, monolithischer Domino█████████████steine.

█ Der erste Stein umgestoßen, anno X.
Weshalb wir, seitdem, immer dringlicher,
weitere Steine für nötig erachten.
In immer kürzeren Abständen.
Um zu dominieren ?
Um EINE Reihenfolge einzustudieren ?
Auf EINEM Strich gehend,
den der Zeitgeist zieht ? Linearität ?
Die Vereinfachung der Kommunion ?
Als Freier auftretend,
mit EINEM großen **B** davor ?

█ Sonnenlicht, es lugt,
ohne Anzeichen von Lampenfieber,
über den leicht gebogenen Bühnenrand.
Informiert im eindeutigen Spektrum,
nach und nach, das gesamte Leben.
Eine exklusive Zone,
inklusive aller Eingeweihten.
Zum Beispiel die ANDEREN
in meinen Eingeweiden.
Vor Ort, auf dieser Augenweide.

█ Ich lasse *sie*, die Sonne,
nicht aus dem Blick.

Nicht benommen vom ungezielten
Schicksalsschlag des Tumors in mir.
Nicht benebelt von Expertisen,
von Plänen diesbezüglich. Bin empfänglich.
Stehe nicht im Schatten von Giganten.
Kauere nicht gelangweilt auf deren Schultern.
Nein, mit den freudigen Augen jenes Kindes,
welches zweitausend barfüßige Schritte tat,
betrachte ich die Sonne,
um nun, ohne Umweg, zu teilen,
worüber fortgeschrittene Gesellschaften
geteilter Ansicht sind.

■ Die Vögel singen unbeirrt.
Insekten schwirren.
Bin umgeben. Werde erfüllt.
Fülle das Gewebe meines Körpers,
mit diesem Licht des erneuerten Tages.
Fülle meinen Körper mit *der* Leere.
Hier begegne ich ihr erneut.
Schaue nur. Das allein genügt.
Spüre den tiefgehenden Sog
hinter beiden Augen.
Nehme auf, was Fragmente verwebt.
Die Verschmelzung scheinbar
unvereinbarer Ideen.
Zu etwas ganz Neuem,
unter sofortiger Freisetzung
polarisierter Energie.

■ Schmetterlinge, in vielen Farben,
erzählen, vergänglich freudestrahlend,

von dieser **WAHRHEIT**, immerzu.
Tragen sie von Blüte zu Blüte.
Bauen vergängliche Brü⌒cken.
Vom ersten zarten Flügelschlag an.
In den unbebauten Raum hinein.
Keine Spur von Ɛ.nergieraub,
zum Wohle Einzelner, auf Kosten Aller,
alle Einzelnen inbegriffen, irgendwann.

■ Federleicht sein. Nicht schwer wie ein FELS.
Nicht scharfkantig, obendrein.
Keine Ähnlichkeit mit digitalen Signaturen
unseres fortgeschrittenen Fortschreitens.
Presst unser Fortschritt, liebestoll,
doch unser Körpervermögen aus,
um mit dieser Ɛ.nergie einzig
sein weiteres Fortschreiten zu realisieren.
Als Verhüllung und Verschleierung
der **GANZEN WAHRHEIT**.
Amen.
Und *over*. Und *out*.

■ Bin nun bereit für den freien Fall.
Befreit von Schwere.
Frei von Beschwerden.
Befreite Ɛ.nergie.
Fesseln, die das Lebendige
ergriffen haben, nacheinander lösend.

■ Keine dreihunderteinundachtzig
Herzschläge später, da verlässt die Sonne,
nun im kräftigen Orange,

das nutzbare Spektrum jener,
die sich stimmungsvoll, ihrer wegen,
auf ihren Auftritt eingestimmt hatten.
Schließe nun meine Augen.
Erblicke solare $\big(\big(\big(_{(}$Resonanz$_{)}\big)\big)\big)$ in mir,
als gelte es, jeden Tropfen
eines sehr kostbaren Elixiers,
möglichst intensiv, nachzuschmecken.

■ Noch immer spüre ich den Sog.
Eine lautlose Stimme, mich führend.
Ein HUNGER, bedeutender
als der Appetit jenes Tumors,
in dessen Namen ich, fortan,
den Sonnenaufgang, Aurora,
in Größe L, eng an mir trage.
Wie, als trüge ich mich selbst,
ohne mich selbst zu betrügen.
Das ist der Weg.
Jener, der schwerelos,
aber keineswegs leicht ist.

■ Mit dem heutigen Tage nimmt der HUNGER,
für den jeder Tumor empfindsam ist, zu.
Einhergehend, Hand in vertrauter Hand,
mit dem bedingungslosen Bedürfnis,
ihn letztendlich stillen zu wollen.
Nicht mit Kalorien.
Nicht mit Süchten jedweder Art.
Oder der Suche nach Befriedigung.
Weit gefehlt. Den Kern verfehlt.
Ohne Entbehrung, hingegen, eintauchen,

in die volle Fülle von Leere.

■ So legt es *der* rote Faden dar,
durch die EVOLUTION führend.
Von dessen Unsterblichkeit erzählend,
in der Gestalt der Gemeinschaft selbst.
Und was macht EINE Gesellschaft ?
Zwar kommunizieren wir mehr,
doch *wirklich* etwas mitzuteilen,
das haben wir immer weniger.

■ Wehe der **WAHRHEIT**,
wenn Kontext auf der Strecke bleibt.
Dann werden selbst Gene als egoistisch und
als alleiniger Grund von Tumoren angesehen.
Und ohne Kontext fühlt *er* sich,
der Zufall, erst so *richtig* wohl.

■ Die Wirklichkeit, sie reibt sich,
am geheimnisvollen Widerspruch der Realität.
Bewusstsein entzündend ?
Oder zumindest EINEN Hoffnungsschimmer ?
Das viel gepriesene Licht,
welches EINEM aufzugehen vermag ?
EIN eigener Geistesblitz,
geschickt vorbei gemogelt
am Zeitgeist, nebst seinen Schergenhorden ?
Vorbeigegoogelt am Konsens der MASSE ?
Elektromagnetische Entladungen im All ?
Plasmische Dramaturgie ?
Oder EIN Fall für die plastische Chirurgie ?
Virtuelle Realitis, das um sich greifende

Symptom EINES Bewusstseins, welches
an EINER Selbst-Entzündung leidet ?

■ Habe ich EIN Problem mit meinem Tumor,
oder bin ich nur EINER von vielen Ausdrücken
EINES weitreichenden PROBLEMS ?
Wie soll ich es angehen ?
Absichtlich bisherige Grenzen überschreiten ?
Ohne auf Kosten Anderer
über Problemleichen zu gehen.
Ohne sich selbst dem ✝od hinzugeben.
Einzig als Flucht vor eigenem Unvermögen.
Bekunden, dass ich meinen Tumor LIEBE,
ohne es von Anderen zu verlangen.
Vielleicht gar bereit, das eigene Leben
für das █G A N Z E█ zu geben ?
Ohne den Anschein EINES Fluchtversuchs ?

■ EIN Universum voller Möglichkeiten.
Der Köder für unser Selbstbewusstsein ?
EIN stets gedeckter Tisch,
für EINEN verkörperten Nimmersatt ?
Wir EINEN als Dauergast ?
Doch, so stellt sich nun heraus,
wir Menschen haben die Rechnung
ohne den Wirt gemacht.
Die Gemeinschaft des Lebens ist es,
deren Gast wir sind.
Leben. Gaia. So einfach ?
Einfach so ? Zwei-FELS-frei ? Fakt ? Oder *fucked* ?

■ Woher nur kommt die Blindheit, offenen Auges,

im bewährten Anblick des Offensichtlichen ?
Ist es flächendeckende, fortschreitende
Beschränkung im **WAHR**-Nehmen,
welche all der Möglichkeiten
sich *nicht* mitElNander verschränken können ?
So Tatsächlichkeiten hervorbringend,
die zwar nötig scheinen,
aber nicht wesentlich notwendig sind.
Dadurch gelangt, Ängste bewirkend, der Wahn,
weitestgehend ungehindert,
in die [S]y[s]t[e]matik der Normalität.
Dessen uniformen, alltagstauglichen
Identitäten annehmend.
Guten Tag, Herr und Frau Mustermann.
Willkommen in ElNER
wahnsinnig komple**X**en Geschichte.

■ Längst normal: Monokulturen.
Überall zugegen in der Gegenwart.
Fragilität verbreitend.
Die Felder, sie vermaisen.
Gesellschaften indes vergreisen.
Die, die es können, verreisen. Fliegen fort.
Ihrer eigenen Flügel bereits beraubt,
dabei reichlich Federn gelassen.
Weshalb sie sich auf ihren Raubzügen,
auf der Suche nach weiterer Energie,
addiert zur längst gehorteten,
mit fremden Federn schmücken,
alle Schuld vehement von sich weisend.
So, ja so, lässt es sich besser reisen.
Und lassen sich immer mehr

entfernte Welten bequem aneignen.

■ |Meta-Stasen|, als Metapher
dieser Vorgehensweise ?
Auch, von Natur aus, durchaus
in Verkörperungen zugegen.
Nur ANDERS unterwegs.
In Form von Metastasen.
Als Extension EINES Tumors,
um kontextlose Überschüsse fortzuleiten.
Deren Auflösung nur geschehen kann,
wenn die Verbindung mit dem Wesen
des Lebens wieder dauerhaft gelingt.
Doppelverlinkt. Selbstbestimmt.

■ Wir EINEN aber stehen im Stau,
auf der breiten DATEN-Autobahn,
auf der wir das Leben weiträumig,
geschwind, zu umfahren gedenken.
Dem beworbenen Unwesen
des Zeitgeistes bereitwillig folgend.
Verführt vom Ausblick auf Harmonie,
durch EIN Fenster, fest verschlossen.
Der enormen Geschwindigkeit wegen.
Ob des Fahrtwindes, wie in EINEM Rausch.

■ Es bedarf, zur Beibehaltung der Harmonie,
in der Welt gesellschaftlicher Zugehörigkeit
und Regeln, immer mehr Hilfe von außen.
Von anderen Angehörigen unserer Gesellschaft.
Auch hier zeigt er sich nun unverblümt –
der Einsatz fremder Energie. Meist durch Geld.

Zu EINEM immer dichter werdenden Netz
von Abhängigkeiten verknotet.
In welchem man selbst immer seltener
die Fäden in der Hand hat und sich, stattdessen,
geschickt vom Zeitgeist eingefädelt,
in den weiteren Fortschritt verstricken lässt.
Verschiedensten Spielarten
von Manipulationen ausgeliefert.
Alles wird gut, wenn man
als EIN Wirtschaftsgut
nicht vorzeitig ableben kann.

■ Je w e i t e r EINE Spezies fortschreitet,
desto mehr Ursachen gibt es zuhauf
für EIN jeweils aktuelles Problem.
Je lauter EINE Lösung propagiert wird,
desto w e i t e r fort ist die Wahrheit,
hinsichtlich verschiedener Ursachen.
Daher die Lautstärke der Propaganda.
Je lauter sie tönt, desto _{tief}greifender die,
der Lautstärke zugrundeliegende Wahrheit und
desto unbedeutender die Worte selbst.

■ Propaganda, das Sprachrohr
für all die Ursachen, die,
aus welchen Gründen auch immer,
selbst nicht zu Wort kommen sollen.
Oder dürfen. Oder können.
So deutet auch sie, die Propaganda
auf vorhandene |Meta-Stasen| hin.
Und auf die eindeutige **WAHRHEIT**,
hinsichtlich des PROBLEMS -

WAHRHEIT, der Kontext,
in dem Wahrheiten EINANDER begegnen.

■ Zur HARMONISIERUNG dagegen,
zur Involvierung des eigenen Wesens
in der Gemeinschaft des Lebens,
ist eigene Kreativität,
eigenes Handwerk, gefragt.
Mitten drin sein im Leben,
nicht eingewickelt werden.
Immerzu ist der Mut zum Scheitern gefordert.

■ Scheitern, nicht als EIN Versagen.
Scheitern, als Aussage dahingehend,
für Andere an die eigenen Grenzen
weit gegangen zu sein.
ANDERE leben uns dieses vor.
Von Sonnenaufgang bis Sonnenaufgang.
Weltweit. Überschüsse auflösend.
Die Bewahrung der HARMONIE
so erst ermöglichend.
Sich dem Einfluss ungleichgewichteter
Expansion weitreichend entziehend.
Zeitgeist, genau wie Krieg,
ist den ANDEREN so fremd, wie uns EINEN
die ANDEREN befremdlich erscheinen.
Immer mehr. Tag für Tag.
Bis zur offensichtlichen Unkenntlichkeit ?

■ Im Rahmen von HARMONIE
bedeutet Globalisierung die Erfüllung
der Lebensbatterie mit solarer Energie.

Vor Ort stets geerdet.
Im Rahmen von Harmonie, andererseits,
bedeutet Globalisierung den Raub
und die Entleerung selbiger Batterie.
Kurzschluss, statt Feedback.
Daher das expandierende D
unserer entartenden **EVOLUTION**:
Demenz, Diabetes, Depression.
Immer mehr |**Meta-Stasen**| durchziehen ihn,
den sich wandelnden Weltenkörper.
Daher **MASSEN**-haft massige Körper,
die ihn bevölkern. EIN weiteres D.
EIN weiteres Symptom
breitet sich weltweit aus !

■ Reif ist die Zeit, der Komple**X**ität
ganz offen zu begegnen,
die in unserer Gesellschaft den Wahn
erst gesellschaftsfähig werden lässt.
Bedeutet Komple**X**ität nicht einzig,
sich den Verlust wesentlicher Gemeinsamkeiten
nicht eingestehen zu können ?
EINER kollektiven]Zwang[sneurose gleich ?
Die einzige Gemeinsamkeit zu der,
unterm Strich der Quittung,
die moderne Zivilisation noch fähig ist ?
Oder zu der sie getrieben wird ?

■ Woher rührt der Wunsch, die Sterblichkeit
immer weiter zu verschieben ?
Über das Humane weit hinaus ?
^{Höhen}rausch, statt Erdung.

55

✝odesvermeidung, statt Lebenserwartung.
EINE Transfusion fremder Lebensgeister ?
EINE Fusion entfremdeter Unternehmen ?
Schizophrenie ? Technologie, der Ausdruck
EINER nicht unwesentlichen Wesensveränderung ?
Silizium, das den Kohlenstoff befällt ?

■ Unsterblich erscheinen auch Tumorzellen.
Unsterblich, unterstützt durch den Verlust
von atmungsaktivem Sauerstoff.
Als kehrten sie zurück in jenen Zustand,
als es nur einfache Zellen gab.
Und kein Sauerstoff zugegen war.
Rührt daher der transhumane Wunsch
nach baldiger Unsterblichkeit ?
Nach EINEM einfachen, atemlosen Dasein ?
Um das Dagewesensein möglichst zu vermeiden ?

■ Kontextverlust räumt Propaganda
enormen Spielraum ein. E-Norm !
Propaganda schafft EIN Klima von Misstrauen.
Von DISHARMONIE, welche sich
als Klimawandel, gewinnbringend,
gegensteuernd versteuern lässt,
um die MASSE tiefer und tiefer
in den kompleXen Nebel des Alltags,
ohne Tageslicht, hineinzusteuern.

■ Führt Propaganda auch zum
Realitätsverlust ? Oder ist Realität,
so wie wir EINEN sie wahrnehmen,
nur eingeimpft ? Und *Virtuelle Realitis*

EINE Nebenwirkung dieser Impfung ?
Entwickelt sich unser Fortschritt,
als weiteres Fortschreiten,
von der Gemeinschaft des Lebens,
deshalb zunehmend |isoliert|
vom Kontext dieser Gemeinschaft ?
Holt uns daher, immer schneller,
die Vergangenheit haltlos ein ?

■ Propaganda, als Beschleunigung
der Verlangsamung der Wahrheitsfindung ?
Weshalb hier |**Stase**| Absicht
und Stau, trotz Navis, unumgänglich ist.
Während unsere modernen Krankheiten,
je verbreiteter sie global sind,
umso mehr verzerrte Kontexte bezeugen
und Krankheit der HARMONISIERUNG
anders gearteter Kontexte entspringt ?
Kontexte, EINER Vergangenheit angehörig ?
Pssst, ich kann sich nähernde Reiter hören.

■ Ergeht es der Vergangenheit wie einem Wolf ?
Ist indes die Gegenwart das Schaf ?
Ist der Krebs der Wolf im Schafsgewand ?
Ist die Gegenwart die Vergangenheit,
eingesperrt in EINEM Käfig ?
Sind Tumorzellen die Stammzellen
des Lebens ? Oder gar Stammgäste
in dessen weiträumigem Haus?

■ Warum der Wolf ein Schaf sein will ?
Man stelle es sich vor,

des Käfigbesitzers Gesicht,
wenn am frühen Morgen,
zur Fütterungszeit, anstelle eines Wolfes,
ein Schaf meckernd anklagt,
in EINEM Käfig eingesperrt zu sein.
Träumen Wölfe, gefangen in Käfigen,
davon frei sein zu können ? *Wirklich* frei.
Wild. Ihrem Wesen treu. Sprich,
nicht länger als Raubtier verschrien.
Raubtiere, nein, sie rauben keineswegs.
Und als Opfer bezeichnen nur wir EINEN
der ANDEREN notwendige Beute.
Sind es nicht wir Menschen,
von Ausnahmen abgesehen,
die ein völlig *falsches* Bild von Wölfen haben ?

■ Wölfe in begrenzender Gefangenschaft,
wahllos zusammengebracht mit ANDEREN,
in EINER künstlichen Umgebung,
können nicht *die* Wölfe sein,
die sie in ihrer eigentlichen,
HARMONISIERENDEN Freiheit sind.
Sie verhalten sich, wider deren Natur,
in Gefangenschaft anders, sind aggressiver,
und müssen, für ihr eigenes Überleben
unter derart unnatürlichen Bedingungen,
andere Möglichkeiten nutzen,
die ihrem Wesen völlig fremd sind.
Und mein Tumor ?

■ Krebs, ein Symptom dessen,
was wir Menschen Krankheit nennen.

Das Symptom ist der Wolf in Gefangenschaft.
Im Käfig eingesperrt. EIN Entzündungsherd,
fern der Herde, die von Natur aus ein Rudel ist.
Eingesperrt, in die mangelnde Weitsicht derer,
die meinen, EIN eingesperrtes wildes Tier
sei EINE gute, EINE lehrreiche Idee,
um der staunenden Menge zu zeigen,
wie ein Wolf aussieht. Wie er lebt.
Wofür die Kurzsichtigen, obendrein,
auch noch Eintrittsgeld verlangen.
Wofür nicht minder Kurzsichtige bereit sind,
Geld zu zahlen. Ihren Kindern zuliebe.

■ In den Augen des Zoobesuchers
ist der Käfig die Welt des Wolfes.
Sie sehen den Käfig nicht als Abgrenzung
zur Welt als **GANZES**. Nicht als Folge
EINER Gesellschaft, die,
in der Betrachtung des Wolfes,
sich einzig selbst betrachtet –
und so völlig missversteht.

■ Ich erzähle sie den Kindern,
diese Geschichte vom Wolf.
Der Jüngste rennt durch den Garten. Ruft:
Ihr könnt mich nicht fangen. Ich bin der Wolf.
Ich bin frei.
Er rennt mit dem Wind, der weiß,
wohin Schmetterlinge fliegen.
Wie nur Kinder, bis zu einem gewissen Alter,
es vermögen. Und nur der Wind,
frei von Zeit, in dieser Freizeit es vermag.

Der Wind, ein Freigeist,
wie er in keinem Buche steht –
und bei keiner Buche lange verbleibt.

■ Später im Bett, die Kinder in ihren,
liegen meine Frau und ich,
Gesicht nah bei Gesicht, beisammen.
Jeder den Anderen einatmend.
Geduldig wartet der Vorhang
auf sein nächtliches Rendezvous.
Zwischen Geduld und Erduldung
bildet sich EIN Rattenschwanz
an Möglichkeiten immer länger aus.
Probleme umso folgenreicher gestaltend,
je mehr das Zeitgefühl bedrängt wird,
um endlich EINE Lösung
für EIN Problem zu präsentieren.

■ Therapien, sie müssen heute
zeitnah begonnen werden.
Vor allem, wenn Befangenheit vorliegt,
gegenüber dem Vermögen betroffener Körper.
Wenn zudem mehr und mehr Menschen
von selbigem Problem ergriffen werden.
Und obendrein weder Kontext
noch dicke Gitterstäbe,
mit dem Problem von Raubzügen
in Verbindung gebracht werden.

■ Der karzinogene Flächenbrand,
er wütet vereinfacht weiter.
Ohne die Rattennester, in der Tiefe der Zeit,

erreichen zu können.
Das **WAHRE** Gesicht von Wolfsrudeln
nicht offenbarend, die,
als Horde von Raubtieren verschrien,
so mehr Ängste und Schrecken verbreiten
als die Vielzahl von wütenden Brandherden.
Ist das Karzino-Gen der Brandstifter ?
Ist Brandstiftung EIN Herdentrieb ?
Ist dies EINE Geschäftsidee,
um EINE profitable Firma zu gründen,
deren Expansion im Voraus geplant ist ?

■ Wie kann es noch immer geschehen,
dass wir Menschen der Ansicht sind,
wir können Probleme aus der Welt schaffen,
während jeder Versuch, diesbezüglich,
neue Probleme schafft ? Ohne zuvor
vorherige Probleme wirklich gelöst zu haben ?
Warum gelingt dieses ANDEREN
mit Leichtigkeit ? Auch unbeflügelt !

■ Ist die Andersartigkeit der Menschen
der Schlüssel zur Lösung des PROBLEMS ?
Oder aber ist der Schlüssel
das **EINS**-Sein der ANDEREN im Wesen,
welches ANDERS verkörpert ist,
als wir EINEN es gewohnt sind ?
Der Vorhang, das Fenster
EINEN Spalt geöffnet,
empfängt glückselig
den zu Besuch kommenden Wind,
während ich die Schlüsselfrage stelle.

Das Gesicht meiner Frau, noch näher.
Sie schließt die Augen. Öffnet die Lippen.
Es wiegen sich weit verzweigte Linden
am Ufer des in sich ruhenden Sees.
Bevor auch ich die Augen schließe,
flüstere ich fragend, kaum leiser als der Wind:
Befindet sich besagter Schlüssel am Schlüsselbund,
welcher die Schlüssel für die Käfige
aller Tumoren durch alle Zeiten trägt ?

■ ☐ Dann folge ich ihr.
Unter Ausschluss der realisierten Welt.

☐ ☐ Komme hier dem Fluss näher
als es je zuvor der Fall gewesen ist.
Sein angeregtes Rauschen, eine Unterhaltung
zwischen sich findenden Freunden.
Gespeist von der Urquelle, welcher dieser
nie enden wollende Trank der 𝓛𝓘𝓔𝓑𝓔 entspringt.
Zwischen beiden Ufern findet dieser
seinen Weg zum entfernt gelegenen Ozean.
Als sonnengereiftes Elixier des Lebens.
Der Ozean, von hier nicht ersichtlich.
Allgegenwärtig, nichtsdestoweniger.
Das Wasser in den Körperzellen.
Zellen, die das Erfahren von Grenzen
ohne jegliche Wände verkörpern.
Wasser, EINE Anomalie, wie sie viel
zu selten EIN Thema ist.

☐ Liebe.
Ist unser menschliches Verständnis von Liebe,
von Harmonie obendrein, ein gänzlich anderes,
als das der natürlichsten
aller chaotischen Ordnungen,
sprich, der ANDEREN ?
Diese Wesen haben das **GANZE** im Blick.
In ihren Augen ist 𝓛𝓘𝓔𝓑𝓔 *das* Vertrauen.
In unmittelbar ausgeführte Aktionen,
dergestalt das Gefühl bestärkend,
im Rahmen des **GANZEN** zu handeln.

☐ Liebe, aus Sicht der Menschen,
bezieht das **GANZE** nicht mit ein.
Sie sieht nur Wolke 7,

63

blind dagegen für das Gewölk.
Verfallen aber der Cloud.
Welch schicksalhafte Fügung,
dass wir nur sehen können,
was wir zu sehen erwarten.
Kann EINEM somit
etwas völlig Unerwartetes zustoßen ?
Oder holt EINEN, *pssst*,
vielmehr etwas längst Verdrängtes ein ?
Verdrängt als Spezies ?

☐ Wissenschaft, EINE Fiktion ?
EINE sprachliche Fixierung ?
EINE fixe Idee schnellschießender Räuber ?
Schüsse, die nach hinten losgehen ?
EINE Problemlösung-to-go ?
Fakten, Zutaten für das PRⱺBLⱼɆⱮ ?
Wissenskunst hingegen EINE lebensnotwendige
Form von *Poesie*, die **WAHRES** Wissen schafft ?
Die einem erlernten Handwerk entspricht ?
Weil sie in aller Stille Lautmalerei betreibt,
indem sie sich als Sprachrohr entrollt ?
Für Metaphern und Allegorien verschiedenster Arten ?

☐ *LIEBE.*
Einklang, nicht als das Zusammenklingen
zweier exakt gleicher Töne.
Einklang, als *eine* Stimme zweier
ungleicher Instrumente.
Das **WAHR**-Nehmen im Anderen,
was der Eine nicht verkörpert.
Einer ist Gesang. Der Andere $((((\text{Resonanz})))))$.

Im Einklang verschmilzt beides
zu einem einzigartigen Klang
zweier verschiedener Instrumente,
die beide einander an $_{Tiefe}$ gewinnen.
Ein virtuoser Tanz auf Leben und ♱od.
Sowohl Frage als auch Antwort.
Die Pause dazwischen der springende Punkt.

☐ 𝓛𝓙𝓔𝓑𝓔, erneut.
Das Öffnen der umhüllten Verkörperung.
Dem Anderen die Möglichkeit gewährend,
in einen selbst hineinzufließen,
zugleich der Eine in den Anderen hineinfließend.
Neuen Grenzen der Gemeinschaft nachspürend.
Symbiose. Ein fortwährendes Verhandeln.
Der Gast gesättigt. Beide anverwandelt.
Der Wirt zufrieden. Die Rechnung, sie
geht auf das Haus. Das Haus des Lebens.
Doch wer von beiden ist der Gast?
Wer der Wirt?
Egal, solange kein Raub von Energie
das Fundament des Hauses bildet.
Oder Trinkgeld erwartet wird.
Oder im Keller mehr gebunkert wird,
als für einen allein wirklich notwendig ist.

☐ Harmonie. Damit meinen
wir EINEN die Ausgewogenheit,
möglichst dauerhaft, von ☐ Yin und ■ Yang.
Möglichst problemlos, so lautet der Wunsch.
HARMONIE. Sie aber bedeutet,
immer Möglichkeiten zu finden,

welche endgültige Ausgewogenheit vermeiden,
ohne dass das Leben sich die Notwendigkeit
von Einklang dauerhaft verbaut.
Dauerhaft wie Fakten. Fakten. Fakten **!**
Jenseits von hier, da folgt EIN Akt
auf den nächsten. Da türmen sich Akten auf –
bis zu den Wolken. Und zu Clouds werden sie,
aus denen unentwegt **DATEN** herabregnen.
Auf **DATEN**-Berge herab, mit denen sich weltweit
Kontextgebirge im Nu versetzen lassen.

☐ Bewege ich mich hier durch diese Wirklichkeit,
spüre ich jedoch allerorten die $\mathcal{LIEBE}$,
die der HARMONIE innewohnt
und die faktisch nicht erfassbar ist.
Die kein Haus besetzt und den Bewohnern
keine Hausordnung verordnet.
Ich spüre auch, dass ich längst noch nicht
bereit bin, mich ihr, der HARMONIE,
zur Gänze hinzugeben.
Der *eigentliche* Grund für meinen Tumor ?
Für alle Tumoren, weit und breit,
die den Gesellschaften entsprungen sind ?
Hinein in EINEN Käfig.
Die Bewahrung EINER Hülle, als feste Grenze.
EINE vereinfachende Fassade als Lebensziel.

☐ Ist Selbstbewusstsein das Bewusstsein,
diese Grenze, bis aufs Blut,
welches nicht das eigene ist,
verteidigen zu müssen ?
Geimpft, von Kindheit an,

gegen das Kφhärenzgefühl ?
Mit dem generationszeitigen Ziel,
mich selbst zu verwirklichen ?
Im Schattendasein **WAHRER** Lebendigkeit ?
Gestatten, mein Name lautet *Ego*.

☐ Liegt die Bedeutung unserer Menschwerdung
darin begründet, zu reflektieren,
was all die ANDEREN,
als Spiegelbild von uns EINEN, verkörpern ?
Zum Kern dessen, indessen, blickt
kaum EIN Auge mehr durch.
Einzelne Augenblicke erscheinen zu wertvoll,
um sich die Zeit zu nehmen, die es bräuchte,
damit man dorthin gelangen könnte,
wohin kein Körper auch nur EINEN Schritt
zu setzen vermag. Und keine Brille,
sei sie noch so fortschrittlich konzipiert,
den Nebel durchdringen kann, der das Wesen
einhüllt und EINE Spezies einlullt.
Brillen, die, und sei das Glas nur Fensterglas,
den Informationsfluss blockieren sowie
das Spuren- und Federnlesen
ANDERER Arten zunehmend behindern.

☐ Die Verbindung zum Kern.
Der Fötus in Verbindung mit der Plazenta.
Die Plazenta ein Tumor,
wie er im Bilderbuch des Lebens steht.
Der Kφhärenz zugehörig.
Zwischen Empfängnis und ✝od.
Ohne entartetes Wachstum,

nur alleinig des weiteren Wachstums wegen.
Ohne die Wiege zum Grab werden zu lassen.

☐ Ein solcher Tumor bin auch ich hier.
EIN Fremdkörper, keine Frage.
Doch bereits aufgenommen und versorgt.
Auf meinem Weg in die Gemeinschaft.
Zurück ? Erinnerungen im Voraus ?
Der **WAHRHEIT** nun etwas näher ?
Schwarze Blätter rascheln.
Ist er hier zuhause ? Der Wind.

☐ Die ANDEREN, in notwendigen Formen
natürlicher Ordnung, chaotisch aktiv,
überbordende Lebendigkeit. Pulsierend.
Ein munter fließendes Klangbild der $\mathcal{LIEBE}$.
Ein völliges, expressives Selbstvergessen
jedweder Art von Techniken. Einfach ein Tun,
aus der Mitte des Wesens heraus.
Dort, jenseits des ANDEREN Ufers,
im Lichterwald, bedeutet das Fressen
und Gefressenwerden,
den ultimativen $\mathcal{LIEBES}$-Akt zu vollziehen.
Ohne sich Gedanken machen zu müssen.
Die sogenannte Nahrungskette
ein Zeugnis von Verwobenheit.
Keine Kette, die EIN Einzelner in der Hand hält,
zugleich, mit der anderen Hand,
die Peitsche der Hausordnung schwingend.
Ein $\mathcal{LIEBES}$-Akt, der wahrlich nichts
mit menschlichen Liebestechniken gemein hat.
Auch nicht mit unserer Vorstellung

von Liebe und Harmonie.
Allem voran: ICH liebe DICH !
Mit Nachdruck angemerkt.
Zum wiederholten Male geäußert.
Darin EINE energieräuberische Frage,
mitunter, engmaschig verstrickt.

☐ ANDERE verzehren sich
untereinANDER, ohne Gier,
zum Wohle des **GANZEN**.
Sie lösen, ganz einfach,
bestehende Verkörperungen auf.
Befreien, was weiterfließen muss.
Zwecks Stillen des HUNGERS.
Natürliche Selektion, nur ANDERS betrachtet.
Um |Stase| und |Meta-Stasen| zu vermeiden.

☐ Wir EINEN klammern uns an Augenblicke.
Klammern sie ein, (eingeengt),
wie EIN Foto in EINEM zu kleinen Rahmen.
Reihen diese anEINander, wie EINE Perlenkette.
Je länger, je fester die Umklammerung,
desto wertvoller erscheint uns die Kette.
Doch nicht vergleichbar mit dem Vermögen
für das Leben, als **GANZES**.
Wir verzehren uns selbst nach ›wahrer Liebe‹,
ohne dem Wesentlichen Beachtung zu schenken.
Reagieren dabei, versorgt mit DATEN,
auf das bereits realisierte Tatsächliche.

☐ Verstehen wir noch immer nicht,
dass die natürliche Selektion einzig

Ton^höhe und Dauer eines Tones festlegt,
es aber die Stille ist, die alle Zeit der Welt hat,
um sämtliche ^Höhen und ₜᵢₑfₑₙ des Lebens
allumfänglich zu ergründen ?
Die Anzahl der Töne, sie verrät nichts
über die Verwobenheit der Musik.
Es ist die Stille, die der Musik
zu ihrer wesentlichen Bedeutung verhilft.
Beschwingt, vom Gefühl für Kφhärenz.

☐ Ohne Stille kann kein Ton, in Gemeinschaft
mit anderen Tönen, erklingen.
Ohne Stille ist jeder Ton monoton.
Auf Dauer nicht erträglich, nicht lebenswert.
Erst wenn Töne notwendig werden,
gehen sie, als Klang, aus der Stille hervor.
Ansonsten verweilen sie in ihr,
ohne erhört zu werden. Ohne EIN Ego.

☐ Wären Gene die Töne, wo ließe sich
die Stille im Genom des Lebens finden ?
Dort, wo wir EINEN lange Zeit meinten,
nur Abfall, *Junk*, vorzufinden ?
Pssst, nicht das auch hier unbeschuhte
Quanten schon zum Sprung ansetzen,
um über den hohen Zaun,
den der Zeitgeist errichtet hat,
zu springen. Mühelos.
Ohne Anlauf zu nehmen.
Ohne dass sich ein Zusammenhang offenbart.
Und Fakten sich auf ewig niederlassen.

☐ Das Möglichste zu geben,
das bedeutet $\mathcal{LIEBE}$,
bis zur Erschöpfung aller Möglichkeiten.
Ohne Raub und Kontextverlust.
Davon erzählen die ANDEREN
in der natürlichen Ordnung,
in den Eingeweiden des Lichterwaldes,
dessen Eingeweihte sie sind.
Im weiß strahlenden ☐ Yin
ihrer fabelhaften dynamischen Geschichte,
die der ANDERE Teil der **GESCHICHTE** ist.
Damit das ■ Yang nicht ins Stocken gerät.
Bedeutet EVOLUTION, dementsprechend,
fortwährend die Motivation zu finden,
weiter gemeinsam zu musizieren
und, hin und wieder, innezuhalten ?

☐ Je mehr wir EINEN versuchen
Ungleichgewichte des Lebens,
einzig zu unseren Gunsten, zu harmonisieren,
desto ausdrucksstärker, reich an Symptomen,
antworten die ANDEREN.
Um weitere Ungleichgewichte zu *ermöglichen*,
die wir, dieser Harmonie bedürftig,
als unordentliches Chaos empfinden.
Ohne Sinn und Verstand.
Ohne besagten Zusammenhang.
So tickt das Wesen der HARMONIE.
Ganz ANDERS als unsere Harmonie.
Und trotz alledem eine Symbiose.
Mitunter aggressiv anmutend.
Unsere Tumoren, gleichsam notwendig ?

Ein Paukenschlag. Ein Trompetenstoß.
So lange unumgänglich, wie EINER meint,
unseren alleinigen Fortschritt des Egos
über den **WAHREN** Fortschritt zu erheben.

☐ Was uns EINEN zurückschrecken lässt,
ist die Bewusstwerdung der Dynamik,
die das Chaos zu bändigen vermag.
Den Verzehr, aller Formen, sehen nur wir.
ANDERE spüren darin etwas ANDERES.
Bringen derart den schmalen Grat hervor,
welcher der Fluss des Lebens ist.

☐ Rührt daher das Herbeisehnen
EINES Gravitationsantriebes ?
Um Ängsten noch schneller, und w e i t e r,
entkommen zu können ?
Unsere geplante Flucht
aus der Symbiose heraus.
Hinein in die Sicherheit künstlicher [S]y[s]t[e]m[e].
Unsere Verantwortung, für das Syst⊖misch⊖, zerteilt,
auf diese [S]y[s]t[e]m[e] berührungslos übertragend.

☐ Wie das Licht der Sonne,
zerteilt in Millionen, gar Milliarden,
künstlicher Quellen von Lichtern,
wenn die Sonne selbst nicht scheint.
Und immer öfter, *wenn* sie zugegen ist.
Während smarte Dinge, uns umgebend,
für uns das Licht einschalten.
Damit wir weiter im Dunkeln tappen,
uns zuhause selbst willkommen heißend.

Zuhause, hinter robusten Fassaden.
Zuhause, hinter dicken Gitterstäben.
Zum Heulen zumute. Weitersuchend.

☐ ₜᵢₑfₑᵣ ins Tal hinab steige ich nun.
Spüre den Schmerz in mir, leicht pulsierend.
Ein zaghaftes Klopfen
an der massiven Bewusstseinstür.
Der Wind trägt den Chor der ANDEREN,
über den Fluss, zu mir hinüber.
Kein wolkenloser Sonnenaufgang hier.
Und doch singen sie. In $\big(\big(\big({}_{(}\text{Resonanz}{}_{)}\big)\big)\big)$.

☐ Weiter, weiter, ₜᵢₑfₑᵣ ins Tal.
Der eigentlichen Entscheidung immer näher.
Atemzug für Atemzug.
EIN Rangierbahnhof voller Pneumozüge.
Angenehm das Gefühl,
den Weg fortsetzen zu *müssen*.
Um ihnen, dort drüben,
weiter zuhören zu *wollen*.
In der Stille unterwegs, die sich weiter erfüllt.

☐ Das Erfüllen einer Partitur verschiedener Klänge,
gemeinsamer, ₜᵢₑf gründiger Stille.
Unser Unvermögen,
das sich selbst nährende Gespür,
für das **G A N Z E**, als unwesentlich zu erachten.
Nicht mit Wörtern ausdrücken könnend,
was einzig durch die Beziehung von Worten,
zueinander, erspürt werden kann.
Zudem jede Note vereinzelt

für sich betrachtend.
Unter Laborbedingungen.
Doch *in vitro* kann niemals *in vivo* sein.

☐ Das ANDERE tönt fremd
und Ängste einflößend.
Wir werden]zwang[sernährt vom Zeitgeist.
Lieblos. Losgelöst von der ℒℐℰℬℰ.
Ohne die jedoch kein Problem, wirklich,
gelöst werden kann. Egal, wie oft
EIN Countdown die Null erreicht.

10
9
8
7
6
5
4
3
2
1
0

☐ Erhebt der Mensch seine Stimme nicht lauthals,
mitunter künstlich verstärkt ?
Er stellt seine Technologien,
auf Kosten ANDERER Energien,
in seinen harmonischen Vordergrund.
Verkommt zum Knöpfchendrücker.
Zum liebevollen Displayberührer.
Zum Däumling und Vollzeitkonsumenten.
In der Annahme, dadurch mehr Informationen
ermitteln zu können
und vermittelt zu bekommen.
Folglich die Verallgemeinerung von DATEN.
Überall im kompatiblen DATEN-Nirgendwo
der HUNGERNDEN MASSE,
die EIN D an EIN weiteres reiht.

☐ Wer will schon dumm erscheinen, dort,
wo es wichtig scheint, *smart* zu sein ?
An berauschender Mobilität gewinnend.
Der ewigen Suche wegen. Fortschrittlich

74

und weit fortg e s c h r i t ten unterwegs.
Trotz alledem nur Stillstand. Vor Ort verweilend.
Die gesamte Welt daher bereisend ?
Auf Abwechslung aus ? Vor allem virtuell ?
EIN Synonym für: *Wir tun es schnell* !?
Dem Schalter sei Dank.
Die Sensibilisierten, sie schalten ihn aus.

☐ Gehe ein paar Schritte näher
an die ANDEREN heran.
So intensiv erklangen sie mir noch nie.
Euphonie.
Krusten und Putz, Unwesentliches,
EINES anderen Lebens abtragend.
Worte und Sätze, die ANDERS sind,
freilegend. In Form von *Poesie.*

☐ *Poesie.*
Sie ermöglicht mit weniger Worten
weit mehr, das bedeutungsvoller ist,
um sich der **WAHRHEIT** anzunähern.
Zudem kann *Poesie* gleiche Worte
anders schreiben, um mit gleichen Worten
weiter zu gehen, als mit einem dieser Worte,
ohne Vereinfachung im Sinn, möglich ist.

☐ Gesellt sich EINE Vereinfachung
zu EINER weiteren und weiteren dazu,
kommt, im Allgemeinen, *nichts*
Gemeinschaftstaugliches dabei herum,
sondern einfach nur etwas *Weiteres.*
Etwas, das uns noch *weiter* fortschreiten lässt,

vom Kern. Vom Wesen des Lebens.
Vom Geschehen, welches den Finsterwald
und den Lichterwald miteinander verbindet
und verbunden hält. Untrennbar vereint.
Wie Blut und das Herz.
Wie Einatmen und Ausatmen.

☐ Vereint durch **E X** formation,
welche die ANDEREN, immerfort,
mit uns EINEN teilen.
Ein unbehinderter Informationsfluss,
täten wir einfach nur zuhören.
Das Zusammenfinden von Kϕhärenz,
inmitten sich entartender Dekøhärenz.
Durch die Worte, die nicht fallen.
Die, zudem, Eindruck hinterlassen,
im klangvollen Ausdruck des MiteinANDERS.

☐ ■ Ausklang. Fließe zurück. Tauche auf.

■ ■ Ein weiteres Mal grüßt Vogelgesang.
Stoff klebt lösemittelfrei an meiner Haut.
Erschöpft weilt der Vorhang
in buntgewebten Erinnerungen.
Das Gesicht meiner Frau zugewandt,
finde ich sie wach.
Einen Sonnenstrahl für dich, flüstere ich.
Ein Lächeln.
Bin ich dir heute Nacht begegnet ? frage ich.
Ihre wasserklaren Augen antworten.
Detaillierter als ausgesprochene Worte.
Mit einer linden Berührung
benetze ich ihre Wange.
Wie mag es sich anfühlen,
wenn Liebe großbuchstabig wird,
ohne unmenschlich zu sein ?
Eine Unmöglichkeit ? Eine Utopie ?
Eine nicht für möglich erachtete Zwischenwelt ?
Zwischen Wirklichkeit und Realität ?

■ *A poised realm ?*
A realm where magic reigns,
void of rules, laws, plans,
facts and orders ?
A realm called HARMONY ?

■ Ihr Gesicht, erwacht,
ihre Lider, erhoben,
beantworten auch diese Fragen,
im Zusammenspiel.
Nur in Worte fassen
kann ich diesen Anblick nicht.

Noch immer nicht. Wohl nie.
Eine neuartige Darbietung von *Poesie* ?
Ermöglicht, in aller Stille,
aus diesem magischen Augenblick ?

■ Draußen.
Erneut an die Hand genommen,
vom erkundungsfreudigen Kind.
Zweitausend Schritte Bekundungstour.
Hinauf. Hinein. In die Leere erneut,
die mir immer vertrauter wird.
Wo keinerlei **DATEN**-Erfassung realisierbar ist.
Wie sehr der technologische Fortschritt
sich auch mühen mag.
Egal, mit welchem Auflösungsvermögen.

■ Liegen nicht, zwischen der Kunst
konzentrierten Bogenführens
und der Willkür EINER doppelläufigen Flinte,
gefüllt mit reichlich Schrot,
unzählige Möglichkeiten ?
Um das Wesentliche zu perforieren ?
Bis zur Unkenntlichkeit ?

■ Der Tumor – das Zentrum EINES Lebens.
Ziel in EINER Welt, die zur Scheibe wird.
Aber kann er, der Tumor, zugleich
das Zentrum des Wesens sein ?
Werden daher Tumoren, in der Summe,
nicht nur mein Tumor allein,
genau *deshalb* zur drängenden Notwendigkeit ?
Damit Dekøhärenz vermittelbar wird ?

Durch EINEN Überfluss EINES Mangels ?
EINEM Exportschlager ? Umso vermittelbarer,
je unmittelbarer Kφhärenz notwendig ist ?
EINE auffällige Falte, im ansonsten
glatt gebügelten Stoff der Normalität ?
Dem Blick in große Kinderaugen ähnlich,
die, wortlos, nicht äußerlich ersichtliches
Leiden auszudrücken in der Lage sind.

■ Tumoren, um die Zerrissenheit des Körpers
bewusst zu machen, kaum,
dass sie die Aufmerksamkeit
auf sich gelenkt haben.
Während wir, mit etlichen Kugeln aus Schrot,
dem Wahn begegnen. Die Scheibe zerschießen.
Zugleich verlernen, mit ruhiger Hand,
die Spitze eines Pfeiles ins mittige,
ins unmittelbare, Ziel zu lenken.
Dorthin, wo das Große dem Kleinen,
der Major dem Minor, als G A N Z E S begegnet.
Der ›Goldene Schuss‹, der lebenswert ist.

■ Täten wir nun endlich uns der Kunst hingeben,
zurück nach vorn und mitten hindurch,
EINANDER zu begegnen.
Dann könnten wir endlich begreifen,
dass die wahre Mitte nicht der Mittelpunkt
EINES perfekten Kreises ist.
Wäre die WAHRHEIT, derart vereinfacht,
zu erkennen, wären die Jahresringe
aller Bäume gleichwohl perfekte Kreise.
Und Bäche sowie Flüsse simple Geraden.

Deren Ufer besagte Bäume säumten,
Vertikalen gleich.
Wie Gitterstäbe und ‖‖‖‖‖‖‖‖‖ BARCODES.
Wie EIN Reagenzglas neben EINEM weiteren.

■ Wieder ist es soweit. Ihre **WAHRE** Majestät,
ge-*LIEBT* vom biologischen Volk,
erscheint den Chören dieser Welt.
ALLES im Einklang, erklingend mit unzähligen
schwingenden Zyklen von Heimkehr
und von Wiederkehr, von Vergängnis
und einem flüsternden Hauch von Ewigkeit.
Erfüllt von Lebenssehnsucht und ☩ odesfreude.
LIEBE-voll und *LIEBE* S-toll.

■ Aufbrechen, was, ansonsten,
nur weitere Probleme nach sich zöge.
HARMONISIERENDE Gesänge
und weltweite Uraufführungen,
sie stören den Zeitgeist gehörig.
Fragmente, ohne Kontext,
müssen es seinethalben sein.
EINE Schwärmerei, kein Schwarm, beileibe.
Damit die Gigama$chin€
nicht aus dem geplanten Takt gerät.
Man versteht, ob des Lärms, nur *HARM*.
Und meint in Gefahr zu sein.
Schon ist sie da: die Angst.

■ *Das Vermögen des Körpers*,
erzählen die ANDEREN, unter anderem,
liegt nicht in seinen Genen. Es liegt

in seinem Vermögen, natürliches Licht zu ernten.
Ohne es für sich zu horten.
Es sei denn, geben sie zu bedenken,
wir EINEN *wollen wirklich nicht länger*
leibhaftig zum Leben gehören.
Sie erzählen weiter und fragen:
Ist der Tod, ohne dass sich EINER
an dessen Endgültigkeit energetisch *bereichert,*
eine Infusion von Kφhärenz *für das Leben an sich ?*
Der Leibhaftigkeit allen Lebens zugeführt ?
*Zwecks weiterer Ver*tief*ung ?*
Daraus hervorgehend die Sensibilisierung ?

■ Die Sonne, ihr rotes Gewand nun abgelegt.
Trägt wieder ganz Orange.
Ich folge ihrem Beispiel.
Entledige mich meiner Kleidung.
Die Gestalt verbleibt.
Verweile, wie tief verwurzelt.
Die Arme erhoben, ausgestreckt,
alle Finger gespreizt, den Ästen
meiner radikalen Gefährten gleich.
Bewege so das informierte Blut,
in den Bachläufen meines Körpers, dorthin,
wo Unstimmigkeiten irgendwann
über die Ufer getreten sind.
Weil irgendwo, tief in mir drinnen, Schleusen,
noch immer, verschlossen bleiben.
Aus gutem Grund ? Welchem ?

■ Schließlich wieder bekleidet,
in das inzwischen dritte Manifest in Rot.

Zurück zum Haus. Lasse dort
die Worte der ANDEREN Revue passieren.
Wissen all die ANDEREN mehr als wir EINEN ?
Wissen ?
Wissen, in der Bedeutung von *Ich weiß es* ?
Ist dieses nicht das Wissen
um das Weiß EINER Leinwand ?
Nicht aber um all der Bilder, die in diesem Weiß,
offensichtlich, verborgen sind ?

■ Ließe man das Leben machen,
findet das Leben alles Mögliche,
was zum Leben notwendig ist, vor.
Ließe man uns Menschen machen,
wo fände das Leben Notwendiges vor,
damit das Leben möglich bliebe ?
Wer *weiß* die Antwort ? Mein Tumor ein Zufall ?
Wohl kaum ! Eine Metapher am Wegesrand.
Auf dem gemeinsamen Weg des Lebens.
Den nichts und niemand allein zu gehen vermag.
Weil immer mehr als zwei Notwendigkeiten
sich auf dem Weg des Lebens begegnen,
den Zufall bloßstellend, als EINE Erfindung.

■ Kürzlich erst trug sich die Offenbarung zu.
Wie eine halbe Ewigkeit jedoch
fühlt es sich für mich inzwischen an.
Worte, Gedanken, Fragmente.
Sie huschen durch die dichten Wälder
meiner geistigen Welt, von Räubern besiedelt.
Huschen, Rudeln von Wölfen gleich.
Wilde und befreite.

An einem See zusammenkommend.
Dem Verlauf eines Flusses folgend.
Hinab ins Tal einer befremdlichen,
und doch wohlvertrauten Welt.
Ein Tal, in dem ❛nergieräuberisches
verführerisch nach Unsterblichkeit lechzt,
ohne je das **WAHRE** Vermögen des Lebens
und des Menschen gespürt zu haben.

■ ͲINTSUGI erklingt es in mir.
Die besondere Kunst japanischer Goldreparatur.
Einzelne Scherben, EINES in die
Brüche gegangenen Porzellangegenstandes,
geklebt, Risse sowie fehlende Stücke,
mit Gold aufgefüllt.
Dadurch die gesamte Geschichte
des Gegenstandes bewahrend,
die Bedeutung dieser Geschichte,
durch das Gold, hervorgehoben.
Auch dieser Brauch, im Ursprungsland,
mehr und mehr verdrängt.
Verdrängt durch Fortschritt,
der die ͲlǝM auf den Kopf zu stellen gedenkt.

■ Alle Scherben EINER Lebensgeschichte
kann man, völlig überstürzt, zusammenfegen,
im Müll, Unwissenheit mimend, entsorgend.
Traurigkeit mag damit einhergehen.
Oder Schuld. Vielleicht aber auch
Gleichgültigkeit oder Verbitterung.
Eigentlich spielt es keine Rolle,
denn der Akt der Entsorgung,

er vermag niemals auszudrücken,
was man selbst bereit wäre zu leisten,
um Scherben wieder dergestalt zusammenzufügen,
dass die Geschichte, in Scherben daliegend,
durch die Scherben selbst, an Bedeutung
für das weitere Leben gewinnt.
Das Gold, es bezeugt diesen Gewinn.
Gold, welches von Hand aus dem Fluss
gewaschen wurde, ohne _{tiefe} Wunden
in die Erde zu schlagen oder Gift
folgenreich zu benutzen.

■ Das Handwerk der Reparatur:
die Bereitschaft zu ermöglichen,
wozu ich fähig bin, um die Scherben
wieder zusammenzufügen.
Erst das Handwerk der Goldreparatur
nimmt die bisherige Geschichte in sich auf.
Fungiert, zugleich, als Quelle
von etwas völlig Neuem.
Etwas, das die Bedeutung dessen,
was daraus hervorgeht, intensiviert,
da das Vorherige erhalten bleibt.

■ KINTSUGI.
Keineswegs einfach nur eine Reparatur
aus Spargründen, keine Zweckmäßigkeit.
Vordergründig steht etwas Wesentliches.
Etwas, das die Geschichte *und*
den Geschichtenerzähler untrennbar eint.
So, wie das Blut das Herz bewegt.
Dadurch die Bedeutung dieser Beziehung,

zueinander, offenkundig bezeugend.

■ EINE medizinische Therapie:
die Entsorgung der Scherben.
Weshalb mir viel daran liegt, mein Handwerk,
die mir zur Verfügung stehenden Möglichkeiten,
zum Ausdruck zu bringen.
Damit Scherben wieder vereint werden können.
Damit Körpervermögen endlich wachsen kann.
Indem die, mitunter schmerzhafte,
Problematisierung des Scherbenhaufens
zur Lösung jenes Problems führt,
welches seinerseits die Scherben
hervorgebracht hat.

■ EINE Therapie, um Herr über den Tumor
zu werden, bewirkt weitere Probleme,
die plötzlich in den Vordergrund rücken,
während das Problem an sich, mehr und mehr,
in den Hintergrund verdrängt wird.
Als hätte jemand EIN wertvolles Porzellangefäß
fallen lassen, es schnell entsorgt
und kein weiteres Wort
über diesen Vorfall verloren.
Schweigsam in der Hoffnung,
dass der Verlust des Gefäßes
niemandem auffallen wird. Vielleicht,
weil es aus EINER Ansammlung
vieler solcher Gefäße stammt.

■ Es besteht, von diesem Moment
der Entsorgung an, die Gefahr,

dass der Verlust doch noch bemerkt wird,
so vereinfacht verschiebend,
was in der Gegenwart hätte,
endgültig, geklärt werden können.
Je w e i t e r dieses in die Zukunft hinein geschieht,
desto mehr rückt der Scherbenhaufen
in die Vergangenheit. Auf desto mehr
verschiedenen, miteinander verwobenen
Pfaden kann EINEN die Vergangenheit,
hinterrücks und zufällig erscheinend, einholen.
Desto schwieriger wird es, fernerhin,
für denjenigen, der das Gefäß zu **BRUCH**
gehen ließ, die Umstände
des damaligen Geschehens klarzulegen
oder sich selbst in Erinnerung zu rufen.
Desto unmöglicher wird es, dem eigentlichen
Grund auf die Spur zu kommen.
Desto irreführender gestaltet sich obendrein
die Problematisierung und Bändigung des Egos.
Und die **WAHR**-Nehmung der Ratten.

■ Das Gold, die Risse nahtlos ausfüllend,
ist der Inbegriff der Vermögensbildung,
verdeutlicht durch die Scherben und
durch die Fähigkeit der erfolgten Reparatur.
Als Ausdruck einer ganz besonderen Liebe.
Vielleicht sogar der Ausdruck
des **WAHREN** Kerns der Liebe.
Eine Wertschätzung des Offensichtlichen,
für viele Menschen indes *nicht* offensichtlich.
Und daher den fatalen Anschein erweckend,
überhaupt nicht zu existieren.

■ Ich las einmal den Satz:
›*Beschränke alles auf das Wesentliche,*
aber entferne nicht die Poesie‹.[2]
Das ist meine eigentliche Motivation,
um dieses besondere Handwerk der Heil-Werdung
selbst verinnerlichen zu können.
Aber auch um *jeden* Preis ?

■ Abermillionen Dinge geschehen
in diesem Moment.
Hier vor Ort und anderswo.
Abzulesen in der Beziehung
all der Objekte zueinander,
denen Abermillionen Dinge zugestoßen sind.
Realität. Kein Zufall weiter und breiter.
Während all die ANDEREN einANDER
gemeinsam auf die Sprünge helfen.
Und wir EINEN EIN *poisoned realm*
nach dem anderen bewirken.

■ Leben: realisierende Begegnung.
Stetes Aufeinanderprallen,
von einander Entfremdetem, ist der Krebs.
Krebs: das Unvermögen sich gemeinsam,
trotz verschiedenen Größen,
auf Augenhöhe zu begegnen.
Krebs bedeutet Expansion,
auf Kosten der Beziehungen,
die in der Begegnung geknüpft wurden.
Krebs als Problem ist dem Leben fremd.
Krebs ist kein Produkt des Lebens.

Krebs ist einzig ein Symptom *des* Mangels,
dem Leben *direkt* begegnen zu *wollen*.

■ Niemand wird zum **WAHREN** Helden,
sich, in selbstmörderischer Absicht,
mit EINEM Sprengstoffgürtel bewaffnet,
in EINE ahnungslose Menschenmenge werfend.
Ein **WAHRER** Held kann man nur
für die eigene Verkörperung sein.
Indem man seiner eigenen Lebensgeschichte
immer auf Augen[höhe] begegnet.
Indem man den Mut hat, alles,
EINEM selbst Mögliche, aufzubringen,
um zum Ursprung des eigenen Überschusses
von Schatten hinabzusteigen.

■ Schatten, die EINEM den Lebensweg
mit Symptomen von Krankheit, Trauma und Leid
musterhaft pflastern. Bôsartige Tumoren,
sie sind nur EINES dieser Symptome.
Bôsartig sind sie dabei nicht
aus sich selbst heraus.
Bôsartig *erscheinen* sie der Deutlichkeit wegen,
mit der sie durch die Normalität
hindurchdringen müssen.
Damit noch eine Spur Ungewohntes
Aufmerksamkeit zu erregen vermag.
Haben wir EINEN endgültig das Wesen
des Lebens aus den Augen verloren,
wenn uns derart Ungewohntes
als ganz normal erscheint ?

■ Unentwegt erzeugt Bôsartiges Disharmonien.
Daher Horden von Barbaren.
Nicht nur ^{hoch} zu Ross unterwegs.
EIN Brandherd, **WAHRES** Heldentum
sich daran selbstentzündend.
Zur Flamme werdend, von Generation
zu Generation weitergereicht.
Anstatt, als Häufchen kalter Asche,
vom Wind in alle Himmelsrichtungen
verweht zu werden.

Wie der ohrenbetäubende Knall
EINER Sprengstoffexplosion.
Genug Energie für EINE **SCHLAGZEILE** !
Und dann ? Dann herrscht wieder
Normalität. Willkommen zurück –
in der Normopathie[3].

■ Das Zeitlose reibt sich
am Immer-weniger-Zeit-Habenden.
Das Offensichtliche reibt sich unentwegt
am Immer-mehr-im-Verborgenen-Suchenden.
Das Problemlösende reibt sich ungeniert
am Immer-mehr-Probleme-Schaffenden.
Das **GANZE**, es reibt sich
am Sich-immer-weiter-Fragmentierenden.
Spielraum für **WAHRE** Helden: zuhauf.
Insbesondere, wenn man ein Niemand ist.
Und namenlos bleibt. Zudem zur Wurzel findet.
Ohne farbenfrohe Blüten der Gegenwart
nicht **WAHR**-zunehmen.

■ Krieg, schießt es mir, die Ohren betäubend,

durch den Kopf, ist wie Krebs.
Krieg, gegen die Lebensgemeinschaft,
welche der eigene Körper ist.
Doch völlig missverstanden. Voller Misstöne.
Alle beide. Sind *beide* doch einzig Symptom.
Die weltweite Verbreitung des Krebses,
in den Verkörperungen des Lebens,
ist der Weltkrieg des Lebendigen,
gegen sich selbst.
Allem voran ausgefochten in uns Menschen.
Durch uns selbst.

■ Die Steigerung von Mut
bedeutet nicht *mutiger* zu sein.
Die Steigerung zeigt sich vielmehr in der *Demut*,
gemeinsamer musikalischer Werke gegenüber.
Verschmelzen Demut und Musik, letztendlich,
im Miteinander, erklingt Stille,
die kein alleiniger Ton vermitteln kann.
Das ist sie – die **WAHRE** Leere. Das Wesen,
das Menschen durch Energieraub und
durch ihre Art von Fortschritt verlieren.

■ Wir EINEN suchen nach Ordnung,
um Chaos zu vermeiden.
ANDERE benötigen das Chaos,
um Ordnung zu ermöglichen.
Von Grund auf verschieden, diese zwei,
die *im* Grunde, in **WAHRHEIT, EINS** sind.
Entangled.
Daher ruht *auf* dem Grunde
EINES viele Faden _{tiefen} Sees

das eigentliche GEHEIMNIS.
Ein See, vom Ausmaß aller Ozeane.

■ Die Frage nach dem Preis.
EINE Rechnung, die nicht
ohne technologischen Fortschritt
berechnet werden kann.
Aufgrund des technologischen Imperativs.
Jene zeitgeistige Maskerade
des Wohlgemeinten.
Aber, unter dem Strich der Rechnung,
für alle Unbezahlbaren.

■ Unentwegt komple**X**er erscheint
das **MASSEN**-taugliche Bühnenstück
der Fragilisierung EINER Spezies.
Im robust produzierten Rahmen
des Bühnenbildes, zeitgenössisch
und vermeintlich besonders
ᴄnergiesparend ausgeleuchtet.
Durch künstliches, blaulastiges Rampenlicht,
welches fortwährend den ᴴᵒʰᵉpunkt
eines Sommertages verheißt.
Und diesen Spezialeffekt, entsprechend teuer,
in Rechnung stellt.

■ Bezahlt man den steigenden Preis
nicht mit EINEM unbezahlbaren Kredit,
den EINEM der technologische
Fortschritt gewährt, wenn man nicht
zum Ursprung dessen finden will,
was das Symptom des Tumors ausdrücklich

notwendig werden ließ ?
Handelt es sich dabei um Schweigegeld ?
Hinterlässt man seinen Kindern,
und deren Kindern noch dazu,
nicht, direkt neben dem Scherbenhaufen,
EIN unüberwindbares Schuldengebirge ?
Indem man die Wurzel auf dieser Grundlage
Wurzeln schlagen und so EINE Pflanze,
mit schwarzen Blättern, Früchte,
mit schwarzen Kernen, bilden lässt ?

■ Ist EINE Chemo, EINE Bestrahlung,
oder das Herausschneiden eines Tumors
wirklich radikal genug ?
Packt man dabei das eigentliche Problem
wirklich an der Wurzel ?
Ist die damit erkaufte Zeit nicht besagter Kredit ?
Nutzt man diesen Kredit,
um sein eigener Held zu werden ?
Wenn man schon,
auf Kosten der Lebensgemeinschaft,
der Gesellschaft treu bleibt, weil man einzig
dem technologischen Fortschritt vertraut ?
Um geklonte Helden für Andere zu spielen ?
Vorzuspielen, was man in Wirklichkeit nicht ist ?
EINE Heldin, die Brust vorsorglich amputiert,
weil die Gene EINEN Brief nach Hause schickten ?
Schwarzumrandet und unheilschwer.

■ Wer in EINEM Anderen oder in ANDEREN
seinen Feind sieht, sieht tatsächlich sich selbst.
Die Meinung, Tiere hätten Fressfeinde,

verwundert nicht. Kein Tier hat einen Feind.
Kein Tier sieht in EINEM ANDEREN
Geschöpf sich selbst.
Ein Tier hat allenfalls einen Gegenspieler.
Einen Gegenüber, der keineswegs Gegner ist,
sondern dem begegnet wird.
Die sich einANDER finden.
Der Aushandlung von Grenzen wegen.
Ob der Möglichkeiten, die darüber hinausgehen.
Weshalb die ANDEREN sensibel
auf sämtliche Veränderungen,
die Lebensbedingungen betreffend, reagieren.

█ Balzen Männchen, auffällig farbenfroh
und lautstark zudem, einzig um die Gunst
manch unscheinbaren Weibchens ?
Oder braucht das Leben solch Erregung
von Aufmerksamkeit, damit Grenzen
möglichst weit überschritten werden ?
Damit der Mut, dieses zu vermögen,
ohne gefressen zu werden,
durch das Fortpflanzen,
dieses Vermögens, belohnt wird ?
WAHRES Vermögen bildend ?
Ohne mit Zinsen Irrpfade auszulegen ?
Oder immer größere Irrgärten zu finanzieren ?

█ Ist technologischer Fortschritt
nicht dahingehend zu verstehen,
dass er das Blut ist, welches wir
im verzwe¿felten Versuch verlieren,
die Scherben EINES großen Porzellankruges

namens Bewusstsein, der den ✝od beinhaltet
und zu **BRUCH** ging, mit bloßen Händen
wieder zusammenzusetzen ? Immer weitere,
kleinere, aber nicht minder scharfkantige
BRUCH-Stücke verursachend, je mehr Blut
wir verlieren und daher schwächer werden,
weil uns entgleitet,
was wir festzuhalten versuchen ?

■ Verwundert,
dass unser gesamter Fortschritt
auf einem Geschenk beruht,
welches wir mit Schuhen treten ?
Holz, Kohle und Öl.
Manifestiertes Sonnenlicht.
Das Blut unseres *gesamten*
technologischen Fortschritts.
Vom Beginn des Feuers an,
welches wir EINEN dorthin trugen,
wohin weder Blitz noch Wind
es alleinig zu bewegen vermochten.
Um sogar Berge von innen zu beleuchten.
Das Feuer, wir lieben es seitdem.
Von *LIEBE*, aus unserer Sicht,
nicht EINE Spur.

■ Zeichnet *LIEBE* aus, loslassen zu können,
damit etwas ANDERES,
jederzeit, wiederkehren kann ?
ANDERS erscheinend, als zuvor ?
Bezeugt unser Verständnis von Liebe
nicht eher EIN Festhalten an Gewesenem ?

Mit allen uns möglichen Mitteln ?
Möglichst lange, außerdem ?
Wie EINE brennende Fackel in der Dunkelheit,
die ihrerseits EINE künstliche Erleuchtung
nach der anderen erfährt.

■ Alles Natürliche hat seine Jahreszeit.
So, wie jeder Augenblick
seine rahmenlosen Bedingungen hat,
in denen er wahrgenommen wird.
Künstliches dagegen, alles,
vom natürlichen Fluss Entwurzelte,
soll möglichst lange bestehen bleiben.
Zeugt nicht jedes Foto, aufgenommen,
um etwas festzuhalten, demnach auch
von EINER Angst ? Vom Misstrauen,
den eigenen Möglichkeiten gegenüber,
das Wesentliche dort bewahren zu können,
wo keine Technologie, vergangen
wie zukünftig, EINEN Zutritt hat ?
Wo kein Tropfen schwarzes Kunstblut,
der Sonne entsprungen, hingelangen kann ?
Von Angst befreit zu sein bedeutet, demnach,
loslassen zu können. Angst zu haben,
der Wegweiser zur **WAHRHEIT** hin ?
Von Angst befreit, das Vermögen,
auf welches hingewiesen wird ?
Insbesondere gilt es für den ✝od,
als Beendigung eines verkörperten Lebens.

■ Die Freiheit des Loslassens auszuleben:
die bedeutendste aller Künste.

Ein einzigartiges Handwerk,
mehr und mehr in Vergessenheit geratend.
Es beinhaltet, etwas Liebgewonnenes,
sich dessen bewusst, loszulassen,
um dem Wesentlichen näherzukommen.
Sich dadurch zu sensibilisieren,
für den persönlichen Wert des Loslassenkönnens.

■ Es gilt, mit einem Minimum an unmittelbarer
Energie auszukommen. Nicht anderswo,
in der Ferne, Energie nimmersatt raubend.
Es bedeutet, nicht immer mehr hinzuzufügen.
Egal, um welchen Preis.
Nur so kann Einklang gelingen,
weil Überfluss von Energie, weitestgehend,
zyklisch vermieden wird.
Es bedeutet aber auch, Mutationen zuzulassen,
anstatt diese zu beseitigen, zu verunmöglichen,
ohne dass sie je mitteilen können,
wofür sie in Erscheinung getreten sind.

■ In der Natur, von der wir uns,
mehr und mehr selbstbewusst,
fortzubewegen versuchen,
ist jede Mutation, ausnahmslos,
bereits der erste Schritt für das Leben,
in Richtung eines Lösungsweges.
Dahingehend, mit Einflüssen
umgehen zu können,
die die Mutation bewirkt haben.
Ursache und Wirkung verschmelzen so,
im Laufe der Zeit, zu etwas Neuem.

In der Natur braucht dieses
mitunter viele Generationen.
Aber durch viele derartiger Schritte,
Feedbacks und Rückschritte inklusive,
wird auch eine Lösung gefunden,
ohne dass speziell danach gesucht wird.

■ Auch Überflüsse werden dergestalt
wieder in Einklang ohne Stillstand gebracht.
Mit Klängen, die uns EINEN fremd sind.
Ohne dass auf eine Ursache
auch Wirkung erfolgt,
sondern eher, weil Wirkungen
andere Ursachen ermöglichen. Verwobenheit,
wodurch wiederum Kreisläufe entstehen,
welche die Wiegen dieser Lösungen sind.
All dieses geschieht ohne Raub von Energie
und ohne Erpressung selbiger.
Keine Andeutung von Propaganda, Fakten
und Beweisen. Ein Spiel mit offenen Karten.
Denn das Leben spricht, unentwegt,
mit sich selbst in aller Offenheit.
Und lässt dabei möglichst viele,
verschiedene, Meinungen gleichgültig gelten.
Ohne auch nur einer Stimme zu gehorchen.

■ Der wesentliche Unterschied
zwischen uns EINEN, uns Menschen,
und all den ANDEREN,
er zeigt sich unvermittelt genau hier.
Es kann uns nicht schnell genug gehen,
EINE Lösung zu finden, nach der wir,

mit allerhand technologischem Aufwand,
überall, zugleich voneinander getren nt,
auf der Suche sind.
Auf EINEM möglichst geraden Weg.
Immerhin drängt die Zeit. Immerzu lauert,
irgendwo, die Möglichkeit des ☦odes. Die
eigene Vergänglichkeit.

■ **WAHRER** Fortschritt hingegen,
ohne des Raubes von Ɛnergie zu bedürfen,
generiert keinen solchen Zeitdruck.
Nimmt zudem den Zeitdruck nicht als Anlass,
den Fortschritt mit Ɛnergielast
immer weiter fortschreiten zu lassen,
da **WAHRER** Fortschritt keinen Zeitdruck kennt.

■ Fortschritt, wie die Spezies Mensch ihn betreibt,
versucht unentwegt Grenzen vorzugeben,
WAHRER Fortschritt aber findet Grenzen,
die nicht vorgegeben wurden, sondern sich
aus der HARMONIE heraus stets ergeben.
Unser Fortschritt schafft keine Nachfrage
nach der **WAHRHEIT**. Er wirft stattdessen
mit allerhand Fakten um sich.
Er konserviert die Folgen von Lügen.
Und lügt, obendrein, in Folge
steigender Nachfrage nach der **WAHRHEIT**.
Durch all jene, die die Lügen satthaben
und weiterhin HUNGRIG sind.

■ Mutationen.
Flinke Boten der **WAHRHEIT**.

Diese Boten sind es,
die wir auszugrenzen versuchen.
Nicht, indem wir die Ursache dessen beheben,
was Boten ursprünglich auf den Weg brachte,
sondern indem wir es ihnen unmöglich machen,
trotz weiterbestehender Ursache,
sich überhaupt auf den Weg zu begeben.
Vollmundig nennen wir es Gentherapie.
Setzen reichlich Hoffnungen in sie.
Verrückter von der Gemeinschaft des Lebens
kann unsere Gesellschaft, sich mehr und mehr
vom morgendlichen Sonnenlicht abwendend,
daher kaum sein.
Es trifft die Gentechnik die Gemeinschaft
mitten im Kern, indem Kontextzerschneidung,
schnipp-schnapp,
als natürliche CRISPR[E] Vorgehensweise,
gewinnbringend global vermarktet wird.

■ Seit wir damit begonnen haben,
Gene absichtlich zum Schweigen zu bringen,
wird das Geklapper von Hufen lauter.
Die Botschaft indessen eindeutiger.
Wir EINEN lieben es kompliziert.
Die ANDEREN LIEBEN es einfach.
Wir EINEN machen es immer komplizierter.
Die ANDEREN bleiben dem Einfachen treu.
Daher die fortschreitende Ausgrenzung
von Boten, um die Verbreitung der Botschaft
möglichst weiträumig einzugrenzen.
Ist dieses Symptom nicht längst allgegenwärtig ?
Ist diese *unnatürliche* Selektion

nicht EIN Garant für natürliches Artensterben ?
Eine Art, wie wir EINEN eine sind ?
Lebendigkeit ist **WAHR**-lich keine Fernbedienung,
mit der man Informationen, vereinfacht,
vom Laborstuhl aus, an- und ausschalten kann.
EIN stummer Frühling, die folgenreiche Folge ?
Als Ursache EINES Sommers ohne Früchte ?

■ Eine weitere morgendliche Aufführung
der Phil•harmonie liegt bereits, gegen Abend,
in der Luft. Eine weitere Sonnenbegrüßung,
die zeigen wird, wie sehr uns
die ANDEREN *LIEBEN*.
Als wir uns auf die eigenen Füße stellten,
ließen jene uns los. Jedoch nie ohne uns
im Stich zu lassen. Davon zeugt
das Mikrobiom im Darm und das stille Virom
in den ehemaligen Müllhalden unseres Genoms.
Und, man mag es nicht wahrhaben wollen,
in jedem Stich eines lästigen Insektes,
mit dem eine Infektion ihren,
wie auch immer gearteten, Anfang nimmt.
Ein jeder Stich notwendig,
aus Ermangelung an **E X** formation ?
Aus Ermangelung bewährter Kontexte,
die wir nicht **WAHR**-haben wollen ?
Ein Stich auf Flügeln, Grenzen überschreitend.
Und dieses mitteilend - durch auffälliges Surren.
Wodurch die Möglichkeit besteht,
der Notwendigkeit auszuweichen,
durch die Respektierung von Grenzen.

■ EINE Wahl rückt in den Vordergrund,
je mehr uns unser Selbst bewusst wird.
Weshalb wir auf unsere Intelligenz pochen.
Umso mehr so, je weiter wir fortschreiten.
Fortschreiten von der Verantwortung
für das Leben als **GANZES**.
Fortschreiten von den Möglichkeiten als Körper,
ohne die Grenzen dieses Körpers auszuleben.
Bedingt durch künstliche Innovationen.
Einzig und allein die Grenzen *dieser* auslotend,
den Körper nur noch als Gestänge ansehend,
an dem die Innovationen des Fortschritts
irgendwie, Fassaden gleich, befestigt werden.
Hauptsache, es ist gesellschaftlich tragbar.
Wearable, schwirrt es mir durch den Kopf.
EIN Modewort heutiger Technologien.
Den *Selfies* gleich. Selbstbefriedigung
für das alleinige Wohl des Egos.
EIN zeitgemäßes Synonym für *We are able ?*
Während Intelligenz ein Synonym
für den Erhalt von Lebendigkeit ist –
und nicht künstlich existieren kann.

■ So wenig wie Viren
primärer Auslöser einer Krankheit sind,
so wenig tragen die Gene
primäre Schuld an einem Tumor.
Egoistische Gene ? Von wegen.
Es hält sich hartnäckig, dieses Gerücht,
gestreut vom Zeitgeist, anerkannt
vom jüngsten Wissenschaftsgericht.
Die primäre Schuldzuweisung,

dass ANDERE multiple Auslöser
EINER Krankheit sind,
nimmt Erkrankten das Segel,
während sie unentwegt
dem Wind ausgesetzt bleiben.
Das körperliche Vermögen, die Segel
entsprechend dem Wind zu setzen und so
den Wind zu nutzen, geht
in der Beschäftigung der Zuweisung
von Schuld und Schulden verloren.
Es vermittelt EIN trügerisches Bild
fataler Sicherheiten, dahingehend,
raus aus der Nummer zu sein.

■ Sicherheiten, sie stehen,
der gesellschaftlichen Nachfrage wegen,
bei jenen, die der **WAHRHEIT**
den Rücken zukehren, immer höher im Kurs.
Gewinnen so an Bedeutung. Zahlen Dividende.
Stellen die Möglichkeit in Aussicht
damit Kredite zu tilgen.
Das Trügerische wird so Normalität.
Dadurch bedingt, irrt
der Betroffene unvermögend umher.
Bleibt dem Wind, ohne eigenes Vermögen,
vorhersehbar, weiter ausgesetzt.
In der Hand EIN verblassendes Foto vom Hafen.
Um ihn herum, soweit das Auge reicht,
einzig das vom Wind gepeitschte,
aufgewühlte und unberechenbare Meer.
Und Wellen, auf denen die Gischt,
mit Schaum vorm Maul, zu reiten beginnt.

■ Natur 𝓛𝓘𝓔𝓑𝓣 es, sich zu verstecken.
Sie zeigt sich daher in aller Offensichtlichkeit
in der breiter werdenden Öffentlichkeit.
Sind Viren, demgemäß, die eigentlichen
weisen Lehrer des Lebens ?
Die **WAHREN** Meister aller Maler,
vor einer weißen Leinwand versammelt ?
Sicher, genau wie mordende Viren,
so die verbreitete Meinung öffentlicher 𝗠𝗔𝗦𝗦𝗘𝗡
nebst zahlreichen Sicherheitsexperten,
ist auch jeder einzelne Tumor
einzig nur auf sich allein bedacht.
Er lebt Wachstumsfantasien aus.
Linear gedacht. Ohne Kreislauf, ohne Feedback.
Das Wesen kausal aus-HUNGER-nd.
Ohne jedwede Erinnerung im Voraus.
Weder geteiltes Leid noch verteiltes Glück.

■ Dringen Viren, in unheimlicher Stille,
heimlich in unser aller Leben ein ?
Oder ist es nicht vielmehr der Mensch,
der lautstark in das Virom
des Lebens gleichschrittig einmarschiert ?
Tabula rasa.
Mit seinen auswuchernden Vorstellungen
von Harmonie und seiner Liebe zu sich selbst ?
Sowie selektierten Seinesgleichen ?
Sind es nicht wir EINEN, die den eigenen
Egoismus in ANDEREN zu erkennen meinen ?
Und ihnen entsprechend, feindselig,
gegenübertreten, bereit für EINEN Raub ?

■ Entsteht neues Leben im Zentrum,
hinter dem Nabel, bereits bestehenden Lebens,
weil ein *Zuviel* an Lebensenergie,
an Informationszufluss, durch Begegnung
miteinander verschmelzend,
zu einem Tumor wird ?
Der wiederum zu einem Kind heranwächst.
Indem Zellen Notwendigkeiten aufteilen
und Lebensenergie verteilt wird.
In kleinen Schritten zelliger Vermehrung,
die dem Goldenen ～ Schnitt folgt,
um nur keine Gefängniszelle zu bewirken,
und nicht, ohne Dringlichkeit, durch EINEN
Kaiserschnitt beendet werden sollte.
So informierten Nachwuchs gebärend,
weil die unmittelbare Umgebung,
des bereits bestehenden Lebens,
darauf angewiesen ist ?
Indem Verschmelzung, sprich Einklang,
die Lösung und Dekøhärenz zwar eine Option,
aber keineswegs die einzige Motivation ist ?

■ Ist das Leben einfach zu viel Energie
für beide gegenläufigen Lebewesen allein ?
Wie viele Tumoren – und Firmen – wachsen,
weil diese Energie dem Vermögen
von Kφhärenz entzogen wird ?
EINE Karriere als Tumor ist,
in Zeiten wie diesen, äußerst lukrativ.
Die feindlichen Übernahmen bezeugen dieses.

104

■ Warum aber folgen wir Menschen
immer seltener der Notwendigkeit vor Ort ?
Warum setzen wir Nachwuchs in die Welt
wann und wo es *uns* am besten,
in den eigenen Krimskrams passt ?
Harmonie anstelle von HARMONIE.
Harmonie, die erst vorliegen kann,
wenn die eigene Karriere stimmt ?
Das Gefühl der ANDEREN,
für das GANZE,
in den immer stärker werdenden Wind,
bereits tosend, schlagend.
Tief gefroren und auf Eis gelegt,
jeden angekündigten Sturm am Horizont
zu überstehen hoffend.

■ *Social freezing*, das anders,
als die Bildung von Sporen der ANDEREN ist.
Vom Zeitgeist finanziert.
Tief greifendes Einfrieren von Kφhärenz,
der Gemeinschaft des Lebens entnommen.
Idealisiert, als Spezies: *Homo genisiert.*
Zur Ikone des Normalen stilisiert.
Notfalls mit Kredit bezahlt.
Daher auf Umwegen sterilisiert
und alsbald zum Standard erhoben,
was anderweitig fruchtbar,
also ökologisch wertvoll
gewesen wäre, so aber EINES
ökonomischen Preisgeldes bedarf.

■ Entstehen, aus diesem Verhalten,

fragmentierend, nicht all jene
sprengstoffartig explodierenden Symptome
unserer fortschreitenden Entfremdung ?
Unserer [s]y[s]t[e]matischen Entfremdung
von der Lebensgemeinschaft ?
Auf die wir, so wird vereinfacht verkündet,
immerzu allergischer reagieren.
Unsere Technologien – letztlich
gegen uns selbst gerichtet ?

■ Wachsen Tumoren, deformiert als Krebs,
derart verbreitet, weil sie
mit den aktuellen Möglichkeiten
der HARMONISIERUNG nicht,
wie bisher möglich,
dynamisiert werden können ?
Um aus DekØhärenz erneuerte Kɸhärenz
sowie aus Desinformation wieder Information
werden zu lassen ?
Aus dem Desinteresse für das **G A N Z E**
wieder Interesse für alles bereits Vereinzelte ?
Indem eine Bereicherung des Vermögens,
durch Erfahrbarkeit der Problematisierung
und des Lösungsweges, stattfinden kann ?
Kein einfacher Weg. Beileibe nicht.
Aber der einfachste Weg aller irrigen Pfade.

■ Fürchten wir Tumoren, weil wir Angst
vor unseresgleichen haben ?
Weil wir EINEN zum Krebs im **G A N Z E N** werden ?
Und die ANDEREN ihre Resistenz,
uns gegenüber, austesten müssen,

106

weil es deren Schicksal ist ?
Zeigt sich die zunehmende Fragilität
von uns EINEN, als Spezies,
im Mangel der Verantwortung für das **GANZE** ?
Aufgrund all unserer Überflüsse ?
All jene vom schmalen Grat spülend,
die sich uns in den Weg zu stellen wagen.
Wer einen Kampf, hingegen,
für sich entscheidet, ohne zu kämpfen,
der ist einen gewaltfreien Schritt weiter.

■ Gibt es heute mehr Krebs,
weil wir Menschen älter werden ?
Oder sind es zunehmende Unstimmigkeiten,
die wir im Laufe des Lebens ansammeln,
die Tumoren **WAHR**-scheinlicher werden lassen ?
Zumal unser Älterwerden, nicht ohne Kosten,
vom Fortschritt unterstützt wird.
Krebs gab es früher seltener,
weil weit weniger Unstimmigkeiten,
Zellgemeinschaften zerstörend,
zugegen waren und, vor allem,
weil Altern ein natürliches Ausmaß hatte.
Den ANDEREN, alle Lebewesen,
die nicht als Mensch erscheinen
und von ihnen abhängig geworden sind,
liegt diese Natürlichkeit noch im Blut.

■ Alles Bisherige, geschehen,
weil es so geschehen musste.
Weil der ^{Höhe}punkt unserer Entfremdung
erreicht werden muss.

Wir EINEN in der Pubertät,
die das **ƎZN∀Ɔ** auf den Kopf stellt.
Unser Fortschritt, demnach, EINE Notwendigkeit,
auf welche all die ANDEREN bauen,
um überhaupt erst, gemeinsam mit uns,
das Vermögen des Lebens zu bereichern.
Vielfalt ohne Einheit ist Beliebigkeit,
Einheit ohne Vielfalt Tyrannei,
so sprach Blaise Pascal es aus.
Der schmale Grat zur Befreiung von Ɛnergie.
Um Entropie in Schach zu halten.
Ohne das Leben schachmatt zu setzen.
Einem sich schlängelnden Fluss gleich.

■ Daher rührt mein Vertrauen in das Leben.
Würde ich einzig uns Menschen und
unserem Fortschritt vertrauen,
wäre es längst, ausnahmslos,
um meine Leibhaftigkeit geschehen.
Gleiches gilt für den Glauben an EINEN Gott.
Entscheidend für den eigenen Einklang
mit dem Leben, hinsichtlich Heilung,
zwecks Problemlösung, ist immer
das Einbringen des eigenen Vermögens
in die gesamte vielstimmige Phil•harmonie,
ohne auf Kosten Anderer und ANDERER
sich allein zu bereichern und sich,
als Solist, in den Vordergrund zu drängen.
Das ist der Unterschied zwischen Robustheit
und lebenswerter Antifragilität.
Zwischen Unvermögen und Leibhaftigkeit.
Zwischen EINER |Meta-Stase| und einem Fötus.

Zwischen EINEM Gott und €.nergie.

■ Mangelndes Vertrauen versuchen wir,
im Allgemeinen, durch Robustes auszugleichen.
Dieses Vertrauen in das Leben aber ist es,
weshalb ich nichts auf Kosten meiner Familie
geschehen lassen kann, weil das Leben,
gemeinsam unterwegs, vermögender wird.
Indem der Fokus nicht auf EINEN
selbst gerichtet bleibt. Leben,
das ist ein urwüchsiger ›forest of foci‹[4].
Beileibe, das ist kein Märchenwald.

■ Leben, es ist einzig gemeinsam unsterblich.
Die Endgültigkeit des ☦odes ist nicht mehr
als EIN nebulöses Schreckgespenst
unserer Selbst-Bewusstwerdung.
Vielleicht ersetzt deshalb immer mehr
das Zeitgefühl, hinsichtlich unserer Sterblichkeit,
das zeitlose Gefühl für Kφhärenz.
Mit flüchtigen Blicken auf all die Uhren,
die uns EINEN den Takt angeben
und so unser aller Schicksal kanalisieren.
Vielleicht ist der, so betrachtet, geniale Streich,
den uns die Selbst-Bewusstwerdung spielt,
beabsichtigt, damit das Leben sich seiner
Möglichkeiten gewahr werden kann ?
Ohne EIN räuberisches Ego auszubilden.
Über den Weg der Problematisierung
und der Auflösung EINES solchen Egos ?

■ Gleich und Gleich mögen sich finden,

dennoch bedarf es dafür erst des Ungleichen,
um sich überhaupt einander anzunähern.
Um sich überhaupt auf den Weg,
aufeinander zu, zu begeben.
Wobei sich Gleiches umso eher findet,
je ungleicher das Ungleiche vom Gleichen ist.
Liegt hier der Ursprung von Epidemien
und Pandemien ? Wird so eine Idee erst viral ?
Die dem Zeitgeist umso gefährlicher wird,
je mehr Kontrollen sie eingrenzen sollen ?

■ Bekommt EINER Wind vomTumor,
gilt es zu ergründen, woher der Wind weht,
anstatt sich passiv über die Weite
des Meeres abtreiben zu lassen.
Nicht nur karzinogene Expansion zeigt sich
als Symptom von Kφhärenz,
die verlustig geht.
Mehr Raum wird auch notwendig,
wenn Beziehungen in die Brüche gehen.
Die Größe des Raumes, sie
legt das Ausmaß des Scheiterns klar.
Gleiches gilt für modernen Wohnraum.
Für Städte, je größer sie werden.
Gleiches gilt für Nationen,
die ihre Grenzen ausweiten
sowie für Wirtschaftsunternehmen –
und Karrieren, damit einhergehend.

■ Anstatt die Weiterreichung wesentlicher Εnergie
zu akzeptieren, wird vordergründig versucht,
die Εnergie in EINER schwarzen Kiste,

EINER Blackbox, aufzufangen und
gefangen zu nehmen. Lebenslänglich.
Ähnlich EINER Kiste, aus der man hofft,
die Heilmittel hervorzuzaubern,
die allesamt vonnöten scheinen,
um weiteren Energieverlust zu unterbinden.
Hervorgeholt, aus der Kiste, wird jedoch
einzig schwarzes, lichtloses Vokabular.
Um Zeit zu gewinnen.
Um Energie zu sparen.
Und um den Schein zu wahren.
Den künstlichen, nicht den **WAHREN**.

■ Nährt Energie nicht mehr den Kern,
beginnen die Domino❚❚❚❚❚❚steine zu f a *l l e n.*
Der vorletzte Stein ist der Tumor.
Der erste indes der Beginn
EINES Ungleichgewichts.
Betroffen vom Tumor,
getroffen vom Schicksalsschlag,
der mitten ins Schwarze traf, hat man längst
das Wesentliche aus den Augen verloren.

■ Gesundheit, im Rahmen des Lebens
als **G A N Z E S**, ist HARMONISIERUNG
des lokalen Energieangebots,
im Kontext des globalen Energiebedarfs.
Energie verändert Verkörperungen,
die sich dem Druck der Umgebung anpassen.
Soweit dieses der EVOLUTION möglich ist.

■ Wir Menschen sind längst tief gefallen,

entsprechend fällt das Energiegefälle aus.
Entsprechend deutlich treten
verschiedene Symptome hervor.
Klopf, klopf. Wer öffnet die Tür ?
Energie ist der Schlüssel.
Sonnenlicht das Schloss.
Die Tür aber ist unser Verhältnis
zum Leben als **EINS**.
Auch wenn wir immerzu versuchen,
über EIN eingeschlagenes Fenster, unbemerkt,
in das Haus des Lebens zu gelangen –
um die Speisekammer zu plündern.
Hungrig wie Wölfe in Gefangenschaft ?

■ Schwarzmalerei: von Menschen erdacht.
Isoliert vom Sonnenlicht,
vor allem vom morgendlichen.
Isolieren uns von Grund und Boden,
indem wir immer ^höher^ bauen.
Längst ^höher^ als die Sohlen und Absätze
unseres modischen Schuhwerks uns tragen.
Schrauben unser eigenes Frequenzgewitter
zusammen, welches zunehmend
die Phil•harmonie des Lebens übertönt.
Obendrein erwarten wir, damit
ungeschoren davonzukommen.

■ Bevor EINE Entscheidung,
hinsichtlich Konventionellem und Alternativen,
gefällt wird, macht es Sinn auf den Boden
des Wesentlichen zurückzukehren.
Gleichwohl das Wesentliche

im Licht des frühen Tages betrachtend.
Dabei der Musik des Lebens lauschend.
Das Verrückte: Es bedarf dafür keinerlei
zusätzlicher Energie. Im Gegenteil.
Um zum Einfachen zu gelangen,
sollten einfach nicht länger Vereinfachungen
den Weg erschweren.

■ ⒠⒳formation, flüstert eine vertraute Stimme,
ist €nergie, die in aller Stille informiert,
ohne dass weitere Energie zugeführt wird.
Kφhärenz, flüstert die Stimme weiter,
ist die Ver$_{tief}$ung verwobener Intensivierung,
die umso weniger an €nergie verliert,
je mehr Verkörperungen global
gemeinsam verwoben werden.
Desto weniger Unstimmigkeiten zudem,
solange der Gemeinschaft Impulse
von Dekøhärenz zugeführt werden.
Dergestalt bildet sich gesundes Wachstum.
Wie bei einem Fötus.
Dienen Probleme der Lösung als Nahrung ?
Dekøhärenz die Nährlösung des Lebens ?

■ Je dunkler ein Volk seine Nächte gestaltet,
merkt das Flüstern nunmehr an,
desto mehr Kφhärenz erlebt es,
desto weniger Raub von €nergie ist im Spiel.
Es sei denn, das Volk ist Spielball
EINER Diktatur - oder von Tyrannei.
Dann ist die Dunkelheit nicht
der ⒠⒳formation zugehörig.

Und das Volk seiner Energie bereits beraubt.

■ Die Verbreitung von Krebs verdeutlicht,
was mit uns Menschen, als Spezies, geschieht.
Und wie unser Verhältnis zur *Poesie*,
dem Hervorbringen von wohlklingendem Einklang,
mit möglichst wenig Energieaufwand,
sich im Laufe unserer Geschichte wandelt.
Bis zum heutigen Tag.
Gar könnte man den Eindruck gewinnen,
EIN [S]y[s]t[e]m steckt hinter dieser Entwicklung,
EINES, in dem ordentlich die Lautstärke
aufgedreht wird, um der Stille,
die dadurch weicht, bewusst zu werden.
Um das Unvermögen zu *LIEBEN*
am eigenen Leib zu spüren zu bekommen.

■ EIN [S]y[s]t[e]m ? Verschwörungstheorien geweckt ?
Pharmakartell aufgeschreckt ?
Es wird die zeitgeistige Meinung vertreten,
das wichtigste Handwerk, heuer, ist
die Vereinfachung von Komple**X**ität.
Kein Wunder, dass **B I G   D A T A**,
nach wie vor, nicht halten kann,
was wir EINEN uns davon erhoffen.
Komple**X**ität ist die *Folge* von Vereinfachung.
So einfach ist das ! Verschwörung bye-bye.

■ Sind Informationen gar eine Beschneidung
der allgegenwärtigen Realität ?
Die **WAHRHEIT** ist, dass es die *Realität* ist,
die EINE Beschneidung von *Informationen* darstellt.

114

Nur deshalb kann *Poesie* überhaupt
das Wesen des Lebens erreichen und
Wesentliches bewirken.

■ Schicksal, jener miese Verräter[0].
Dabei obliegt es dem Schicksal,
auszutesten, wo man selbst
in der Gemeinschaft des Lebens steht.
Mit allen Möglichkeiten der eigenen Verkörperung,
um den Herausforderungen jeglicher Art,
ohne Energieraub, begegnen zu können.
Und es zu wollen.
Es zu wagen, einem eigenen Pfad zu folgen,
ohne jemanden zu verfolgen,
der bereits weit vorausgegangen ist.
Was ein Widerspruch ist.
Auf einem eigenen Pfad
kann es keinen geben,
der bereits vorausgegangen ist.
Wohl aber gibt es mitunter solche,
die diesen Pfad für andere
erkennbar werden ließen.

■ Von nicht unbedeutender Bedeutung ist es,
sich stets an den eigenen Platz,
in einer Gemeinschaft, zu erinnern.
Nutzend, was man selbst, von Natur aus,
zur Hand hat und was einem
die Gemeinschaft handreichen kann.
Ohne es kostenpflichtig
von anderswoher zu besorgen.
Andernfalls wird der Weg zur Heilung

immer komple**X**er, ohne **WAHRE** Heilung,
als EINE Spezies, erreichen zu können.
Komple**X**ität, als untrügliches Anzeichen
verstrickter Ɛ.nergie, die ausreicht,
um zum Einfachen gelangen zu können ?
Jederzeit ? Ohne Erfahrungen einzubüßen ?
Ohne Rückschritt und Rückkehr zum Anfang ?

■ Gemeinschaft: kɸhärent.
Gesellschaft: dekøhärent.
Je einfacher Lebensformen verkörpert sind,
desto größer kann Gemeinschaft werden.
Je größer die Gemeinschaft, desto mehr Ɛ.nergie,
die Einklang schafft, bedarf sie,
zwecks Bewahrung der Kɸhärenz.
Ernähren sich Gesellschaften, aus diesem Grund,
auf Kosten ihrer Gemeinschaften,
die so zu beraubten Minderheiten werden ?

■ Gleiches gilt für den akzeptierten Weg
der [s]y[s]t[e]matischen Behandlung EINES Tumors.
Die Folge sind andere Tumoren anderswo –
und immer Jüngere, die die Symptome
von immer älter Werdenden
zum Ausdruck bringen müssen.
So zeigen sich, je älter wir EINEN,
bedingt durch Fortschritt, werden,
weitere Symptome überall. Global.

■ Genau diese Entwicklung hat [S]y[s]t[e]m,
welche sich nicht in Einklang
mit dem Syst^əmisch^ən bringen lässt.

Auf exponentielle Kosten des Syst^{e}misch^{e}n.
Durch Verdrängung **WAHREN** Fortschritts
in den Hintergrund, nein,
vielmehr in den *Untergrund*. Den Orkus.
Dorthin, wo der Ursprung alternativloser
Notwendigkeit $_{tief}$ verwurzelt ist.
Somit $_{tief}$ hinabreicht,
bis zur einzig wahren **WAHRHEIT**.
Die mit keinem Geld der Welt erwerbbar ist.
Die kein Spezialist allein vermitteln kann.
Die keine einzige Errungenschaft
unseres technologischen Fortschritts
ans Licht zu befördern vermag.
Wovon jedoch das längst Gewohnte
nicht EIN Wort vernehmen will.

■ Gleicht es nicht dem Terror in der Welt,
dessen **WAHRE** Entwicklung der **MASSE**,
medial, vorenthalten wird ?
Hauptsache, man kann,
mit dem Finger der Anklage, von sich weg
auf Andere anderswo zeigen.
Keine Heilung kann alleinig
durch EIN einziges Allheilmittel gelingen.
Auch dann nicht, wenn es natürlich ist,
aber kein Feedback mehr zum Ursprung hat.
Erst recht nicht, wenn es künstlich ist.
Oder wie EINE B✹mbe einschlägt.
Welcher Stoff, welches Mittel,
ist natürlich und kommt als reiner Stoff
derart natürlich vor ? Keiner !

■ K⏀härenz, denke ich, zeigt sich dort,
wo Einklang mit dem Tempo der Natur besteht.
Dort, wo eben *nicht* **ALLES** im Reinen ist.
Nicht dort, wo Schnelligkeit dem Einklang
längst weit vorausgeeilt ist.
Zeitdruck ist, nicht umsonst,
der moderne Katalysator unserer Technologien.
Daher die |Meta-Stasen|. Sich mehrend.
Und Exporte schwarzer Kisten,
getarnt als Container. Mit Aufschriften
in allen Sprachen unserer Spezies.
Zeitdruck, der Trick EINES Geistes,
um in aller Ruhe, getarnt als Zeitgeist,
Lügen über die **WAHRHEIT**
verbreiten zu können.

■ Kann Krebs, als allgemeines Symptom,
gänzlich aus der Realität entschwinden,
wenn er, zum einen, ein Ausdruck
von Fragmenten eines wesentlichen
PROBLEMS ist, und, zum anderen,
nur fragmentarisch seines Umfeldes
verwiesen wird ?
EINEM Straftäter ähnlich,
hinter Gittern eingesperrt.
So zwar der Öffentlichkeit entzogen, aber,
nichtsdestotrotz, sein Potenzial,
für weitere Straftaten, behaltend,
solange die Quelle seines Verhaltens
weiter im Verborgenen bleibt.
Hannibal Lector alias Mr. Wolf ?

■ Findet sich die Entartung
technologischen Fortschreitens,
fort vom **WAHREN** Fortschritt,
in der wuchernden Entartung
von Körperzellen wieder ?
In besagter Dekøhärenz ?
Dem Überfluss von Energie ?
Zeitgeist EIN Tren nungskind ?
Hervorgegangen aus der Tren nung
der Menschen von den ANDEREN ?
Inklusive aller Lichtwesen ? Auch jener,
die mehr und mehr zum Schatten
ihrer selbst werden ? Daher die Frage:
Was liegt *wirklich* im Kern der Erde ?
Die irdische Zirbeldrüse, wie im Zentrum
EINES sehr komple**X**en menschlichen Gehirns ?

■ Lautlos zieht draußen, über den Feldern,
ein Raubvogel, ohne Raub im Sinn,
seine Bahn. Spürend, wo es sich lohnt
mehrmals genauer hinzusehen ?
Ein ähnliches Kinderspiel wie EIN Puzzle,
mit sehr wenigen Teilen ?
Ein Räuber, zwischen Himmel und Erde ?
Offen für eine ℒℐℰℬℰЅ-Beziehung.
In deren Sog er sich, bereitwillig,
hineinfallen lassen wird.
Um die Absicht des Lebens zu erfüllen.
Wenn es im Sinne der HARMONIE ist.
Was der Fall wäre, wenn die Maus,
das augenscheinliche Opfer,
sich der Beziehung hingeben würde.

Jedoch nicht, ohne zuvor,
alles ihr Mögliche versucht zu haben,
dieser Beziehung entkommen zu können.
Zwecks Begleichung des Energiegefälles.
Ohne Raub, *HEUREKA*, keine Räuber, denn:
Es kann nur EINEN geben.
ANDERE Räuber sind EINE Mär.

■ Einmal mehr denke ich an den Zeitgeist.
Das Tren nungskind. Dessen liebstes Spielzeug
der technologische Fortschritt ist.
Mit welchem es Energie zu rauben vermag,
um Versprechungen zu machen, die so leer sind,
wie das Vakuum, das der Zeitgeist in sich spürt.
Energie anderswo raubend,
um bewusst zu machen,
was diesem Tren nungskind
selbst widerfahren ist ?
Seitdem als PROBLEM-Kind unterwegs,
wie wir EINEN heute so sagen ?
Der eigenen Kindheit beraubt ?

■ Auch Redensarten, geht es mir durch den Kopf,
müssen _{tiefe} Wurzeln haben.
Wenn Reden Silber ist und Schweigen Gold,
was mag das über EINE Geschichte
in Scherben aussagen ? Scherben,
die durch Handwerk zu etwas werden,
das sie vorher, dergestalt, nicht waren ?
Was über das Schweigen meiner Frau ?
Was über das Gold, Kohärenz symbolisierend ?
Wird Erdöl nicht auch

als schwarzes Gold bezeichnet ?
Und ist die Farbe des ♰odes nicht Schwarz ?
Der ♰od als Geschenk ?
Überreicht von den ANDEREN ?
Ein trojanisches Pferd, lebendig geworden ?
Ist *das* das sechste Pferd ?
Als Metapher getarnt ? Wie die Sphinx ?
Oder doch ein **WAHRES** Geschenk,
das, aus dem Bauch heraus, von Herzen kommt ?
Mitten aus dem Leben, sozusagen.
LIEBE ? Tief aus den Eingeweiden ?
Oder aus dem Zentrum aller Zellen ?
In steter Verbundenheit mit dem schmalen Grat,
zwischen zwei wesentlichen Proportionen ?
Oder Hemisphären ? Zwei Seiten EINER Münze ?
EINER besonderen Münze. EIN *Dual.*
Aus purem Gold. Die Bewährung des Lebens ?

■ *Aishiteruyo.* Japanisch. Wie KINTSUGI.
Bedeutet so viel wie ›Ich liebe dich‹.
Doch meint es mehr. Ohne mehr zu fordern.
Allem voran ein Vergessen des Ichs.
Also eher ›Lieben‹ an sich.
Ohne Subjekt und Objekt zu unterscheiden.
Ohne Tren nung. So gelangt man, ohne Umwege,
direkt zum Wesentlichen. *Poesie* halt.
Und wer so spricht, dem zeigt sich auch
der Bilderfluss seiner Welt entsprechend.
Wer weiß, vielleicht ist *Poesie*
der einzig *wahre* Rohstoff,
den die Welt *wirklich* benötigt ?
Die *einzige* Währung,

die der Bewahrung der **WAHRHEIT** entspricht.
Die nicht dem Wesen widerspricht,
nicht entwertet werden kann.
Verzauberung. Entchantment.
Anteil nehmen am Gesang des Lebens.

■ ☐ *Aishiteruyo.*

☐ ☐ Erschöpft erhebe ich mich
aus dem kalten, gelartigen Wasser.
Die nackten Füße schmerzen.
Das Gesicht, es brennt.
Grau in Grau all droben.
Schwarz und Weiß darunter.
Getren nt, wenn man das GEHEIMNIS
nicht erkennt. Nicht zum Kreis
der Eingeweihten gehört.
Ich wate zum Ufer. Spüre den Hunger,
der tiefer geht als das Herz,
tiefer als sämtliche Windungen im Bauch,
viel tiefer als die genitalen Begierden EINER
hier nicht anwesenden Welt.
HUNGER aber ist es längst noch nicht.
Ich schmecke das unmotivierte Echo Echo Echo Echo
von Früchten, die Wohlgeschmack verheißen,
doch dieses Versprechen nicht halten,
täte man begierig hineinbeißen.
Wie EIN Veganer, mitten im tiefsten Winter –
nördlich, vom Äquator weit entfernt.

☐ Bin ich nun EIN Held, den Weg,
der vor dem Leben liegt,
unbewaffnet zu gehen ?
Nur bloße Hände. EIN ganzer Kerl ?
Ist es heroisch, dem Zeitgeist
die Stirn zu bieten ?
Bereits entkräftet, noch bevor der Mut
das Vermögen nährt ?
Wäre ich nicht eher EIN Held,
nach modernem Gesellschaftsbild

und Geschäftsmodell, wenn ich den Tumor
mit Messer, Laser, Skalpell oder
EINEM Strahlengewehr übermanne ?
Oder EINEN Giftcocktail enthaart überlebe ?

☐ Wie groß wäre sie, die massive Glocke,
an die mein heldenhaftes Überleben,
in exakter Übereinstimmung
mit gesellschaftlichen Erwartungen,
hoch gehängt würde ?
Wie klein jedoch, wenn ich den Zeitgeist
wirklich zu bändigen verstünde,
gemeinsam mit meinen treuen Weggefährten ?
Mich in die gitterlose Höhle
des wilden Löwen wage ?
Unterwegs als WAHRER Attentäter,
der nichts Böses im Schilde führt ?
Stattdessen Gutes im Sinn hat ?
Nämlich die Befreiung von Energie ?
Mit ANDEREN Worten: HARMONIE ?
Durch das Antasten des unantastbar
erscheinenden Zeitgeistes ?
Einfach durch Begegnung
mit der enormen KompleXität,
um den KompleX von Größenwahn
loszuwerden. Daher bereit,
wagemutig, dem Wesen zu begegnen,
dem die Gesellschaft,
mit immer mehr zeitgeistlichem Beistand,
aus dem Weg zu gehen versucht. Ihrerseits,
allerdings, ohne Heilung im Sinn.
Des Zeitdrucks und

der Erfüllung von Erwartungen wegen.
Nicht, hingegen, ob der Erfüllung von Leere.

☐ Wen interessiert **WAHR**-haftige Heilung,
wenn Sirenengesänge, den Ton angebend,
zu verführen verstehen ? Früchte feilbietend,
welche die Sinne benebeln, sie
vor dem Sinn für Kφhärenz bewahrend.
Vor der generationsübergreifenden
Verantwortung für das **GANZE**.
Alsbald verhallt, kaum erklungen,
der winzige Klang meiner Heldenglocke.
Leise, gar stille, Kunde vom Mut
und von der Grenzerfahrung
der eigenen Körperlichkeit.
Hoch droben, vom Turm,
dessen mechanischen Uhren,
bereits seit Jahrhunderten schon,
den Takt des Fortschreitens vorgeben.
EINE Randnotiz nur, diese Kunde
von meinem (ver)störenden Klang.
Nicht EINE Zeile wert. Keine Sekunde
gesellschaftlicher Aufmerksamkeit.
Vom Zeitgeist belächelt.
Der weiteres Spielzeug formt.
Aus schwarzem Gold.
Zähne blendend weiß, gebleckt.
Wie Eisenstangen, nebeneinander,
in den Schnee gesteckt.
Vom bissigen Gefolge
zur Kenntnis genommen.
Alles Zufall. Mit EINEM Zucken

der Schultern abgetan,
auf denen lastet, was stets Anderen
in die Schuhe geschoben wird.
Auch den ANDEREN, die,
seit jeher, überall unterwegs sind.
Im direkten Kontakt mit dem Orkus.
Oder, tief verwurzelt, vor Ort verweilen.
Weiteren Entzündungen
von Dekøhärenz begegnend.

☐ Kämen wir denn jemals
um wirkliche Problemlösungen herum ?
Zumal, wenn alle Probleme
EINEM PRØBLEM entsprungen sind ?
Egal, wie normal etwas im Auge
menschlichen Betrachtens erscheint.
Egal, wie sehr die MASSE der Vereinfacher
und Verallgemeinerer Anderes verneint.
Egal, wie sehr der Ursprung von Worten
EIN geistreiches Eigenleben erfährt.
Und Rezepte, die Theorien sind,
ausprobiert werden, um Andere
vom guten Geschmack *der* Suppe
zu überzeugen, die wir EINEN
uns zusammen einbrocken.
Die ohne Salz auf großer Flamme kocht.
Ihrer Magie längst beraubt. Daher,
in Erahnung durchschnittlichen Geschmacks,
bereits mit Maggi kräftig nachgewürzt.
Gebraut nach zeitgeistig traditionellem Rezept.
Neusprech, besonders fein abgeschmeckt ?

☐ Bevor es allerdings Sinn macht
ein ehemals einfaches, nun
äußerst komple**X** erscheinendes
PROBLEM zu lösen, bedarf es,
soweit wie möglich,
der Fragmentierung dieses PROBLEMS.
In möglichst viele unterschiedliche Probleme.
Die damit, allesamt, unausweichliche Folgen
des eigentlichen PROBLEMS sind.
Um überhaupt EIN Bewusstsein
zu ermöglichen, sich der Lösung
des PROBLEMS stellen zu *müssen*.
In Form EINER sich einstellenden Motivation.
Die sich einfach daraus ergibt, dass man selbst
von Problemen mehr und mehr betroffen ist.
Direkt getroffen wird.
Zum Beispiel durch EINEN Tumor.
Oder durch andere Formen von Dekøhärenz.
Wie reichlich Schrot aus EINER Büchse,
um auch geblendet das Ziel nicht zu verfehlen.
Wie reichlich Salz in der Suppe.
Daher die Vereinfachung der Welt,
als Ansammlung von DATEN ?
Damit der Glaube entsteht,
Lösungen *immer* parat zu haben ?
Deus ex machina ? In domini patri ?
Tempus fugit ? O tempora, o mores !

☐ Der eigentliche Lösungsweg
des PROBLEMS, er ergibt sich
im Laufe notwendig werdender Zeit
mitsamt Raum, dem Weltenall,

aus der voranschreitenden Problematisierung
besagten PROBLEMS. Er kann erst, zaghaft,
ersten schwankenden Schritten gleich,
begangen werden, wenn die Fragmentierung
ihren ᴴᵒ̈ʰᵉpunkt erreicht haben wird.
Erst jenseits dieses einmaligen ᴴᵒ̈ʰᵉpunkts
kann die Defragmentierung,
aller bis dahin zusammengetragenen
und ermöglichten, als Lösung angesehenen,
Pfade, angegangen werden. Dann erst
können auch kompleXe DATEN-Sätze
sich ihrer geraubten Energien entledigen.

☐ Entladen, was angesammelt worden ist.
Über Jahrtausende. All jene Informationen
freigebend, die manch EINER, traumatisiert,
als seinen Besitz allein betrachtet hat.
Sich dann verwebend zu jenem roten Faden,
der sich durch die zweite Halbzeit
der **GESCHICHTE** des Lebens schlängeln wird.
Wem die Zukunft *wirklich* gehört ?
Natürlich dem Leben !
Es lebe die EVOLUTION !

☐ Je mehr wir fortschreiten,
um gemeinsam zum ᴴᵒ̈ʰᵉpunkt zu kommen,
desto mehr Pech stößt
den vereinzelten Einzelnen zu.
Desto mehr Anstrengungen
unternehmen wir EINEN,
paradoxerweise, um voraussagen zu können,
was immer unvorhersehbarer wird.

Reden von weißen Rittern
und schwarzen Schwänen.
Von diesen fehlt hier,
sowohl im Wald der Finsternis
als auch im Wald des Lichtes, jedwede Spur.
Die Folge ? Die davongaloppierende
Schwächung unserer gesamten Spezies.
Indem vereinfacht umgesetzt wird,
was als Lösung EINES Problems erscheint.
Doch ist es nur das letzte Problem
in der kausalen Verkettung
von sehr vielen Problemen.
Rattenschwänze, Kettenhemden, Teufelskreise.
Woraus weitere Probleme hervorgehen werden.
Was im weiteren, unberechenbaren Auftreten
anderer Mutationen, unaufhaltsam,
zum Ausdruck gebracht werden wird.
Auch in der Mutation von Worten,
mit der wir die Wirklichkeit beschreiben
und im Realmodus kommunizieren.
EIN Emoticon genügt, anstelle von Gefühl.

☐ B I G D A T A, größer und gieriger.
Das X vor dem L ebenso.
Zumal wir uns immer mehr einzig
auf DATEN verlassen, verlernend,
unserem Gefühl für WAHRE Informationen,
die E X formativ verwurzelt sind,
vertrauen zu können.
Nicht nur von ganzem Herzen
und aus dem Bauch heraus.
Sondern mit dem Kern EINER jeden Zelle.

Wohin Energie primär fließen täte,
täte der Mensch nicht,
wofür er primär notwendig wurde ?
Welch absurder Gedanke.

☐ Das Universum, es schuf sich das Auge,
um sehen zu können ? Wirklich ?
Vielmehr doch *damit* es gesehen werden kann.
Was Bewusstwerdung entspricht, sprich,
spürbaren Wind von *dem* zu bekommen,
was die zeitgeistige Realität
an Windigkeiten aufzutischen gedenkt.
EINEN Mangel freilegend. *Lamarck, at his best ?*
Indem die Welt vermessen wird ?
Indem **ALLES** EINEN kalkulierbaren Wert,
EIN Gleichheitszeichen und
obendrein EIN Preisschild erhält ?
Indem wir unseren Kopf, immer ^höher^,
in den Wolken tragen ? Der Hals immer länger.
GIER-AFFE – EINE zeitgemäße Genmanipulation ?
Oder aber den Kopf, immer ~tiefer~,
in den Sand stecken ? Als untrügliches
Anzeichen der Entfremdung
vom Wesen des Lebens selbst ?
EIN grundlegendes Ungleichgewicht gebärend ?
EIN Kind mit EINER Behinderung ?

☐ Was aber unternahm Mutter Natur,
angesichts EINER solchen Behinderung ?
Sie ließ die Tren nung *natürlich* zu.
Ohne uns EINEN jedoch, jemals,
aus den Augen zu verlieren. Im Gegenteil,

ist ein Teil von ihr doch immer in uns zugegen.
Retroviren, als Garanten für EINE Revolution ?
Oder für EINE Reinvention ?
Während Mutters ANDEREN Augen
die HARMONIE erblicken können.
Oder etwaige Abweichungen davon.
Wovon es immer mehr gibt.
Weil unser Timing an ANDEREN vorbeiläuft.
Zuverlässig wie atomgesteuertes Uhrwerk.
Worauf wir EINEN auch noch stolz sind.
Mächtig stolz sogar.

☐ Der Zenit EINER Unordnung,
die spannungsgeladene ^{Hoch}-Zeit
von DATEN und Information ?
Die kosmische Batterie maximal aufgefüllt ?
Vom Zeitgeist und allem Wesentlichen ?
Diese Vermählung, die krönende
Vermännlichung des Weiblichen ?
Ein Vexierbild der Krone der Schöpfung ?
Ein realisierter Rollentausch
in Weiß und Schwarz ?
Nur Maskerade ? Um allen Spielarten
von Feindlichkeiten zu begegnen ?
Unter der Mitwirkung der Requisiten der Liebe
und der Einflussnahme höchst lieblicher Worte ?

☐ Der vermeintliche Feind
in meinem benötigten Körper … mein Tumor ?
Humor im Zeichen des Wahnsinns ?
Sich spiegelnd im Spiegel der LIEBE,
den die ANDEREN, in ihrer Verschiedenheit,

uns Menschen entgegenhalten,
ihn verkörpernd ? Wo immer ein ANDERER
von EINEM zum Abschuss freigegeben
und vom Ego aus der Ferne erlegt wird,
erschießt der Mensch sich selbst.
Selbstmord, um selbst den Helden zu spielen.
Meilenweit entfernt von Apoptose.

☐ *LIEBE* hält nicht fest. Nicht
auf der Suche nach der Liebe *für* das Leben.
Vielmehr das fortwährende Finden
der *LIEBE zum* Leben.
Genau damit kann EIN Tumor nicht umgehen.
Worin sich der Humor
der Wirklichkeit widerspiegelt.
Daher macht *LIEBE* den Krebs unmöglich,
weil für sein Auftreten
keine Notwendigkeit bestünde.
Und keine Zeit übrig bliebe.
Je mehr Zeit man benötigt,
desto rarer macht sie sich. Verrückt.

☐ Kann man Unmögliches nicht einfach
möglich machen, indem man vergisst,
dass das Unmögliche unmöglich ist ?
Ist die Vermessung der Welt,
durch immer ^hochauflösendere Methoden,
unser Versuch, den ☦od so wahrscheinlich
wie das Leben werden zu lassen ?
Nicht wahrhaben wollend, dass der ☦od,
von Natur aus, wahrscheinlicher
als neues Leben ist ?

☐ Leben, welches bereits ist,
begegnet dem ☦od. Punkt.
Doch neues Leben ist abhängig
von vielen $((((\text{Resonanzen})))$,
damit *dieses* Leben möglich werden kann.
So messen wir, was möglich ist
und messen diesen Entdeckungen
große Bedeutung bei.
Doch kann man *so* nicht vergessen,
dass das Unmögliche unmöglich ist.
Um möglich zu machen,
was immer unmöglicher scheint.

☐ ᏝᏠᎬᏰᎬ, als mutig vollzogener Wandel,
von der Ego-Identität des Festhalten-Wollens
zur Wesen-Ekstase des freien Fließens.

☐ Gedankenverloren bin ich weitergezogen.
Den geduldigen See hinter mir gelassen.
Werde erst jetzt des Rauschens gewahr,
mit dem sich dieser See, gleichwohl
gedankenverloren, dem Tal hingibt.
Nach dem Wasserfall ist der See wieder Fluss.
Ein Fluss, der seine Freiheit weiter ausleben darf.
Er nährt das Leben folgenreich.
Lässt nur dort Unordnung entstehen,
wo fremdartige Erwartungen
sich ihm in den Weg stellen.
Dort, wo diese Erwartungen
bereits erdachte Freiräume durchkreuzen.

☐ Längst sind wir EINEN nicht mehr,
wie Wasser es ist,
mit dem Leben vereint.
Alles, EINE von uns festgelegte Grenze
zu überschreiten Wagende, wird im Nu
zum Feind erklärt und eingenordet.
Eingeordnet. In Schubladen. Abgestempelt.
Der Grund der Überschreitung wird
zur vordergründigen Unwichtigkeit.
Passt dieser doch nicht in das normale
Alltagsbild propagierter Realität.
Weil er Unbequemes im Gepäck hat.
Und Gepäck als Last empfunden wird.
Weil uns Unbequemes lästig ist.

☐ Mein Schrei ist lauter als alles,
was mir bisher zu Ohren gekommen ist.
Er entreißt mir die Verbindung.
Wirft mich zu Boden.
Löst sich vordergründig von mir.
Fährt mir aus der Haut. Erhebt sich über mich.
Zerfällt in Tausende von Scherben.
Sie bekommen Flügel, verwandeln sich.
Tausende von Vögeln. Ein jeder Vogel
eine Klangfarbe für sich. Gemeinsam EIN Schrei,
der war, noch immer ist. Nur ANDERS jetzt.
Die Bäume, gebogen,
wie ein Regenbogen im Paradies.
Das schmerzliche Verlangen,
an das Erbe des Lebens zu *glauben*,
der ganze Reichtum unserer Welt ?
EIN Glaube, der nun fortfliegt.

In einem Meer aus schwarzem Weiß,
durch den lichten Tunnel zweier Welten.
Von hier aus betrachtet sind sie **EINS**.
Im goldenen Licht der Sonne, die ich
durch diesen entstandenen Tunnel erblicke,
entschwindet die Schar eines einzigen Klanges,
der mein Schrei gerade noch gewesen ist.
Und mit ihr der Schmerz. Hinfort,
vom Gipfel aller Gläubigkeit.
Non-lokal. Non-sense. Time-less.

☐ Befreit. Die Sinne nicht länger angekettet.
Gut fühlt es sich an. Fort mit der Monotonie.
G.o.D. - Ganzheit ohne Devolution.
Bewusstloses Gefühl. Die **WAHRHEIT**.
Das GEHEIMNIS der **GESCHICHTE**.
HIER und JETZT.
Die HARMONISIERUNG von Quelle und Ziel.
Das Vertrauen in Worte,
die nicht notwendig sind.
Kein Bund *für* das Leben. Das Leben selbst
die Verbindung aller Lebenden. So einfach.
Man glaubt es einfach nicht.

☐ Das Leben, der gemeinsame Weg
der Ent-Traumatisierung, manch EINEM
als große *Enttäuschung* erscheinend ?
Doch nur solange wir einzig
an die Versprechen des Zeitgeistes glauben.
Und so die eigentliche Ent-Täuschung
nicht **WAHR**-nehmen können.
Die zweite Halbzeit,

das gemeinsame Erreichen des Tals.
Welches Ausmaß mag diese Ent-Deckung,
die Ent-Schleierung des Nebels, wohl haben ?
Das Aufdecken der ganzen **WAHRHEIT**,
welches die Ent-Täuschung ist ?
Die eigentliche Apokalypse.
Wie die Preisgabe aller Geheimnisse
der größten aller Pyramiden ?

☐ Ich rufe den Namen meiner Frau.
Auch er, wie der Schmerz davor,
verwandelt sich. Nicht in Scherben.
Der Duft von Linden ist es erneut.
So intensiv wie nie.
Der Klang der Stille lässt ihn gewähren.
Keine Hauptrolle eingefordert.
Die Vögel, fort. Die Bäume, sich aufrichtend.
Die Sonne zieht sich lautlos zurück.
Der Himmel grau.
Auf der EINEN Seite, nicht weit entfernt,
liegt der schwarze Schlund einer Höhle.
Verborgen, in wessen Absicht auch immer,
im Schatten, zwischen den Stämmen
der schwarzen Bäume und dichten Sträucher.
Gräser dazwischen und Blumen,
mit schwarzen Blüten.
Zur ANDEREN Seite hin,
da spannt sich eine schmale,
filigrane Brü ⌢ cke über den silbernen Fluss,
der ohne zu warten, weiter ins Tal hinabfließt.

☐ ■ Noch, noch fehlt mir der Mut.

■ ■ Zweitausend Schritte.
EINEM Mantra sehr ähnlich.
Auf dem allmorgendlichen Weg
in die einzig **WAHRE** erfüllte Leere.
Vagales Atmen.
Eine gefühlte Wiederholungstat
eines Einzelnen, zwischen den Welten.
Begangen im Beisein unzähliger Zeugen,
die schweigen können.
Hochverrat am Zeitgeist ?
✝odesstrafe unvermeidbar ?
Wobei Besonnenheit mein Tagesziel ist.
Bereits erreicht, zu Beginn des Tages.
Verständnis für EINEN Tumor zeigen.
Der Zeitgeist, nein, er versteht es nicht.

■ Tren nt mein treuer Tumor Gemeinsames
und]zwingt[Fremdes zusammen,
wie es Feindseligkeit gewohnt ist zu tun ?
So erscheint es den Vorbeieilenden,
denjenigen ohne Zeit stehenzubleiben.
Nicht in der Lage, zu schauen,
in übereinstimmender Beschaulichkeit.
Um angenommene Feindseligkeit
zu durchschauen. Im Mit-EINANDER
zu vergessen. Ohne anEINander,
immerzu, denken zu müssen.
Gemeinsam in die Leere fließen,
um die Fülle von Möglichkeiten zu entdecken.
Sich in diesem Handwerk ausbilden,
anstatt sich etwas einzubilden,
was weiter nach fremder €.nergie verlangt.

■ So betrachtet, wäre der Tumor,
keineswegs Täter, in der Tat zum Wohle
der HARMONIE unterwegs.
Nicht als alleiniger Übeltäter,
der etwas im undurchschaubar
verkörperten Schilde führt. Ängste schürt.
Die ihrerseits zu eingefahrenen
Handlungskaskaden führen.
In EINEM Flussdiagramm festgehalten.
Möglichst vereinfacht. Wie |Meta-Stasen|.

■ Alter Freund. Gemeinsam mit mir
hat er vom selben Leben gekostet.
Beteiligt sich nun, auf seine Art,
an all den Kosten, die der Preis
für den Fortschritt EINER Spezies sind.
Die Navigationshilfen, auf DATEN bauend,
schneller und vorbehaltlos
in ihr Herz zu schließen bereit ist,
als für sämtliche Konsequenzen,
starrsinniger Verfolgung *falscher* Fährten,
selber aufzukommen.

■ Anstatt sich auf den WAHREN Weg
zu besinnen, besonnen diesem Wege folgend,
fühlt sie sich, vom Sinn und von Sinnen
immer befreiter, verfolgt von Feinden,
welche die Geister sind,
die sie selber noch immer ruft.
Freiheit im gesellschaftstauglichen Kettenhemd.
Ob man will oder nicht.

Auch wenn immer mehr normal zu sein vorgibt,
was man nicht länger hören und sehen will.

■ Die Ketten, am wunden Knöchel von einst,
transmutiert und in Vergessenheit geraten.
Umgestrickt als Oberteil. Die Moden,
sie ändern sich ständig. Den Zeiten gleich.
Erfindungsreichtum, der weitere KompleXität
vereinfacht. Sie herunter *BRICHT*. In tausend Stücke.
Oder Tausende Scherben.
Kein *Wabi-Sabi*. Kein KINTSUGI.
Keine Spur von *Reinventing the Sacred*[1].
Nicht vom allgegenwärtig KompleXen
zum kostbaren Einfachen,
ohne jedwede Vereinfachung.
Hin zur Eindeutigkeit.
Fort von kontextlosen Mehrfachimpfungen.
Und sonstigem, hyperinflationärem Gehabe.
Welches auf EIN Misstrauen,
der *Poesie* gegenüber,
als die einzig währende Währung des Lebens,
missverstanden hindeutet.

■ Lieber Messer wetzen, Laser anfeuern,
EIN Gebräu gemischt und geschüttelt,
tropfenweise verabreicht, fix.
Mit Handschuhen und Mundschutz geschützt.
Oder auf den Knopf gedrückt. Volle Energie.
Entwurzelte Energie. Jene Energie,
die ANDERSWO geraubt wurde.
Weder heimlich noch still. Energie,
deren Erntefaktor negativ ist.

Ohne Kφhärenz.
Daher konkurrenzlos sein will.
Vereinzelte Heilungserfolge,
als verallgemeinertes Schöpfen
von Hoffnung, mit Mengenrabatt, verkauft.
EINE Gigama$chin€ri€, die uns alle
schröpft und *gaga* macht.
Kontrolle, über ein gemeinnütziges Maß hinaus,
kostet sie nicht Unmengen an Energie ?
Vor allem, wenn sich durch Kontrollen
einige Wenige, an der Energie vor Ort,
bereichern können ?
Zum Haare raufen. Büschelweise.

■ Durch ℒℐℰℬℰ entledigt sich Wunschdenken
des Wunsches und des Denkens.
Ist ein Wunsch nicht das Erwarten,
welches ohne eigene Taten
auf Erfüllung wartet ?
Wartet das Ego daher ein Leben lang
auf die Liebe des Lebens ?
Weil es, selbst tatenlos,
unentwegt an ein Geschenk denkt ?
Ohne die ℒℐℰℬℰ
als dieses Geschenk zu erkennen ?

■ Ein Tumor ist ein Geschenk,
dem die Rechnung beiliegt.
Einen Tumor zu töten,
was etwas anderes ist,
als ihn zu *verunmöglichen*,
lässt die Rechnung indes offen,

die anderswo beglichen werden wird.
Irgendwann. Auf jeden Fall.
EIN biologisch relevanter
Leerverkauf von Optionen.
Weshalb ein Tumor EINEN immer
an den ✝od erinnert.
Immer, wenn man sich wünscht,
der Tumor möge, endlich,
aus dem *eigenen* Leben verschwinden.

■ Man schließt das Fenster,
anstatt es zu öffnen.
Nicht *dem* Umstand begegnen wollend,
der die Rechnung ausgestellt hat.
Der Zenit unserer Entwicklung als Spezies …
nicht mehr, als EIN Stapel offener Rechnungen ?
Lange Zeit handschriftlich ausgestellt.
Nun ausgedruckt. Der Nachfrage wegen.
Sämtliche Rechnungen aufgeschichtet
zu einem Berg, der sich weigert,
versetzt zu werden ?
Trotz aller Kontextlosigkeit ?
Oder aber ihretwegen ?

■ Schließlich beendet das Sonnenlicht
die frühe Vorstellung ganz natürlich.
Ich schließe die Augen vor jenen Informationen,
die nicht für mich bestimmt sind.
Schaue dem Trank, in meinem Innern,
beim eindeutigen Bewirken zu.
Schaue genau hin, wie mein Tumor in ihm badet.
In einem Duft unzähliger Kelche,

die Scherben wären,
ließe man diese Kelche zu Boden fallen.
In ihrer Essenz so rein. Sich kleine Wirbel bilden.
Zarte Bläschen perlen. Zerplatzen.
Wie Hoffnungen. Oder Erwartungen.
Doch geschieht all dieses hier wider Erwarten.
Widerspiegelnd, was niemand
zu erwarten vermag, der es nicht selbst,
mit eigenen Augen, gesehen hat.
Oder es am eigenen Leibe zu spüren bekam.

■ *Bäche von Gedanken,*
erzähle ich später meiner Frau,
stürzen seit Tagen in mein Bewusstsein.
Zu wilden Sturzbächen werden sie
von Stunde zu Stunde mehr.
Ich rede mit meinem Tumor in mir, rede mit mir.
Redet mein Tumor mit sich ? frage ich sie.
Fahre fort vor Ort.
Ich berichte mir selbst
von ungewohnten Blicken auf bisher Gewohntes.
Setze mich selbst, so betrachtet, ins Bild.
Das Gewohnte wird ungewohnt
und je mehr ich mich daran gewöhne,
desto wilder werden die Bäche
zu reißenden Flüssen.
Es ist, sage ich, *als gelte es, all die stauenden,*
hohen Mauern endlich niederzureißen.
Um freizusetzen, was viel zu lange
angestaut wurde.
Gar bestaunt wurde, als Normalität.

■ Ich hole _{tief} Luft.

Genau hier liegt für mich das eigentliche Problem,
im Rahmen meiner Person.

Welche nur ich verkörpern kann.

Wie kann ich den Kindern und dir vermitteln,
frage ich,

was mit mir passiert, wenn all die Worte,
die mir zur Verfügung stehen,
nicht zusammenbringen können,
was aber vereint werden muss,
damit es überhaupt vermittelt werden kann ?
Dieser äußerst schmale Grat,
zwischen allem Gerede und allen Beschauungen,
zwischen zu viel und zu wenig Spiel,
droht mich immerzu derart zu vereinnahmen,
dass der eigentliche Weg, zum Kern,
nur Ahnung bleibt.
Konzentriere ich mich zu sehr auf diese Ahnung,
geht es zu Lasten des Wesentlichen.

■ *Aishiteruyo.*

Ein weiteres Werden im **EINS**-Sein.

Ein Sein im **EINS**-Werden.

Das Holz, aus dem man selbst geschnitzt ist,
es entspricht dem Holz, welches man
selbst schnitzt. Ohne sich dabei
auch nur einen Schnitzer zu erlauben.
Subjekt und Objekt entsprechen so einander
und erklingen gemeinsam in Kφhärenz.
Unstimmigkeiten geklärt. Unmittelbar.
Direkt vor Ort.
EINS-Werden um **EINS** zu sein.

Zweisamkeit, als vertrauensvolle Einsamkeit.
Allgemeingültigkeit, als Höchstmaß
an Einfachheit. $\mathcal{LJECBE}$ voller HARMONIE.
Solange das Ego auf dem Holzweg ist,
nähert es sich seinem Wesen
auf anderem Wege.
Holzauge soll wachsam sein, damit der Hobel,
mit dem der Holzweg bearbeitet wird,
nicht Schaden nimmt. Damit das Holzbein,
welches auf dem Holzweg unterwegs ist,
nicht ins Stolpern kommt. Und damit Futter,
auf diesem Wege,
für **hungrige** Holzwürmer wird.
Anverwandlung pur, mit **ALLEM**,
was unausweichlich dazugehört.

■ *Wie*, frage ich weiter, *vermag ich nur*
mit meiner Liebe zu dir, welche zugleich
meine tiefe Liebe zu unseren Kindern ist,
der $\mathcal{LJECBE}$ zu begegnen, die meinen Tumor
unmöglich werden lässt ? Die ihn nicht länger
notwendig sein lässt.
Lässt sich beides miteinander vereinen ?
Liebe und $\mathcal{LJECBE}$?
Schlüssel und Schloss zugleich ? Ohne,
auf ewig, EIN Rätsel zu bleiben ?

■ Kann aus dem Halbkreis eines Teufels
und dem eines Engels ein zeitloser,
wohl informierter Kreislauf werden ?
Ohne sich zu EINER schwindelerregenden
Spirale aufzuschaukeln ? EINER ✝odesspirale ?

Kann ich die hölzernen Planken
nahtlos zusammenfügen, damit aus diesem Holz
das notwendige Boot wird,
welches jeglichem Wellengang gewachsen ist,
um, auf dem stürmischen Meer
der Möglichkeiten, zum Ziel zu gelangen ?
Woher weiß ich, ob das Boot dazu imstande ist,
wenn der einzige Weg, es herauszufinden, ist,
es ins Wasser zu lassen und mich
auf das tosende Meer zu begeben ?
Bedeutet Leben zugleich Schiffbruch ?
Ohne Alternative ? Während an Bord der Teufel
oder ein ausgewachsener Tiger los ist ?
Jener Tiger, der zur Krankheit wird,
wenn er in EINEM Haus wütet,
in dem Fenster und Türen verschlossen bleiben ?

■ Schließe Frieden mit dir selbst.
Schließe Frieden mit Anderen.
Der Frieden mit dem Universum, er
geschieht alsbald von selbst.
Findet das Ego, weitläufig herumgekommen,
zum Wesen, dann kommt auch wieder
das Bewusstsein zu sich. Es findet sich selbst
und bedarf keines Egos mehr.
Und keines Bewusstseins seines Selbsts.
Ist Kφhärenz doch unbewusst als Gefühl aktiv.
Ist auch das Ego EINE |Meta-Stase|,
auf der Suche nach jener Ɛnergie,
die sich positiv auf die Kφhärenz auswirkt ?
Anderswo fündig werdend ?

■ Ich schaue meine Frau an.

Hätte es all die Jahre genügt, dir, immer wieder,
meine Liebe mit Worten zu bekunden ?
In Worte gefasst, mag es sinnvoll klingen.
Im Mit-EINander geteilter Zweisamkeit jedoch,
oftmals, weniger glaubhaft erscheinen.
Wären häufigere Berührungen,
wie flüchtig auch immer, vonnöten gewesen ?
Hätte dieses bereits dem Tumor genügt,
um nicht über sich hinauswachsen zu können ?
Ist es nun an der Zeit, endlich zu lernen,
was EINEM nicht in die Wiege gelegt wurde ?
Weil die Wiegenden sich derart
in Sicherheit wiegten,
dass sie das zu wiegende Kind
als EIN Gewicht ansahen ? Als Last empfunden ?
Als Belastung ihrer, bis dahin,
kinderlosen Gewohnheiten ?
Ihr Drei seid mein Boot. Der Tumor der Wind.
Ich bin bereit zu lernen, was es bedeutet,
in den Wolken zwischen den Zeilen zu lesen,
welche die Wellen sind.
Mit dir, als meine Lehrerin, an der Seite,
was soll da schiefgehen können ?
Wer könnte mich stimmiger lehren
in der Leere zu finden, was ich,
viel zu lange, sonst wo gesucht habe ?
All die Jahre. Jahre, die die Mauern schufen,
in deren Fugen der Tumor Fuß fassen konnte.
Fugen aus Mörtel, der nötig wurde,
weil die einzelnen Teile der Mauer
sich nicht bündig zusammenfügen ließen.

Der Teufel, er steckt im Detail.
Zu viele Details ergeben den Teufelskreis.
Dessen Halbzeit nun gekommen ist ?
Auf dessen Scheitelpunkt wir Menschen
dem Teufel auf dem Kopf herumtanzen,
indem wir auf der Stelle treten ?
EINEN Ausweg habe ich rechtzeitig gefunden.
Dank euch Dreien. Habt ihr mich doch
jenen Pfad finden lassen, der sich vor mir,
immer deutlicher, als der direkte Weg
zum WAHREN Wesen des Lebens entblößt.
Mir meinerseits, durch diesen Akt der Offenheit,
die Blöße gebend, dass ich, eingemauert,
nicht zu segeln vermochte,
sondern immer nur so tat,
als sei ich ein freier Mauersegler.
Dem es möglich ist, selbst im Schlaf,
weiter fortzuschreiten, während die Zeit
wie im Flug vergeht. Ohne einen
baren Fuß auf der Erde zu haben.
Ohne euch wäre ich weiterhin
mein eigener Gefangener.
Durch euch, und das ist mein Paradoxon
dieser gesamten Problematik, offenbart sich,
nach und nach, das gesamte Ausmaß
dieser Gefangenschaft, indem wir uns
gegenseitig gefangen nahmen und uns freiwillig
in die Gesellschaft sperren ließen,
die seitdem unser aller Schicksal ist.
Ist der Preis unserer Liebe mein Tumor ?
Aufgrund der Umgebung,
die unsere Liebe umgibt ?

Ist die *LIEBE* hingegen
das einzige Mittel zur Heilung ?
Bedeutet diese Heilung, sich der Gesellschaft
zu entsagen und sich zugleich
der Gemeinschaft allen Lebens hinzugeben ?
Ohne dass sich einer der Beteiligten
im Stich gelassen fühlt ?
Steuert das Boot aus Holz auf Neuland zu,
welches auf keiner bisherigen Karte
verzeichnet werden konnte ?
Weil dieses Neuland das Bewusstwerden
unbekannten Terrains ist ?
Und dieses Bewusstwerden gerade erst
im Begriff zu werden ist ?
Als Anverwandlung noch ungeahnter *E*nergien ?

■ Einen Finger legt sie auf meine
unruhigen Lippen. Einen Finger
der anderen Hand auf ihre ruhigen.
Ich werde still. Höre Töne,
Geräusche und Klänge.
Und einen Rhythmus, der sie verbindet.
Nein, der Rhythmus, er *ist* die Verbindung.
Das Einatmen zwischen den Tönen,
Geräuschen und Klängen.
Höre eine Stimme in meinem Kopf.
Nur ein Wort äußert sie:
Schau.
Die Stimme meiner Lehrerin.
Die Lehrerin allen Lebens.
Ohne erhobenen Fingerzeig.

■ Ich schaue, wie ich noch nie zuvor schaute.
Sehe ein weißes Licht, wie ich noch nie
eines zu Gesicht bekommen habe.
Bis heute nicht.
Ein nahezu transparentes Gewand aus Seide.
Es scheint, doch es blendet nicht.
Ohne Struktur. Ohne Muster.
Ohne Erwartung irgendeiner Form.
Nur Andeutungen von sanften Wogen.
Von alledem, was *sein* könnte.
[E][X]formation, an der Schwelle
zur In-Form-Werdung.
Ohne, in gestalterischer Absicht,
bereits schon einander begegnet zu sein.
Das Wesentliche ohne Gerüst.
Ohne Himmel, in dem Götter hausen sollen.
Die Wirklichkeit ohne Realisation.
Doch bedeutet Realisation,
im allgemeinen Sprachgebrauch,
nicht auch Verwirklichung ?
Doppeldeutigkeiten, die Folge von
Doppelbindungen und doppelten Böden ?

■ *Schau*, höre ich ihre Stimme erneut.
Ihr Klang, ein glockenklares Zeugnis
von Begegnungen mit Dämonen,
vor deren Dämonisierung.
Ein eindringliches Zeugnis
von Zehntausenden Gezeiten
und Tausenden klirrenden Wintern.
Ich schweige. Beschaue die Leere.
Alles Mögliche könnte sie sein.

Ein Ozean aller Möglichkeiten.
Ein einziger Tropfen davon, ein Ozean selbst.
Darin weit mehr der ANDEREN,
als von uns EINEN auf der Erde
überall versammelt sind.

■ Sonnenlicht, bis zur ^{Höhe} jeden Tages,
es ermöglicht erst, was notwendig ist.
So erklingt, was Symptome mit D
zu heilen vermag. Verteilt,
auf alle möglichen Lebewesen.
Damit solarer Informationsgehalt
nicht zu flächendeckenden Erblindungen
und Verbrennungen führt.
Neugierde vermag die Katze zu töten,
die aus der Kiste schaut.

■ Bedeutet Leben, neugierig
auf den ✝od zu sein ?
Bedeutet neugierig zu bleiben,
ohne Gier auf immer mehr Leben,
WAHRE Lebenskunst ? Und Wissenskunst –
EINE ANDERE Sicht des Lebens ?
Ermöglicht durch das gemeinsame
Lebensgefühl allen Lebens ?
Schau.
Ohne Befehl. Ohne Drang.
Als würde meine Lehrerin,
jene mich Entleerende,
einem Schmetterling, zärtlicher
als dessen beflügelte Anmut, zuflüstern:
Flieg.

Und unvermittelt falle ich
in die stets erfüllte Leere.
Wie Alice einst in das Wunderland.
Hinein in das weiße Licht, in welchem
der Blauanteil im Kontext zum Leben vorliegt.

■ *Taking a quantum walk.*
No need to speak, no need to talk.
White whispers, coloured noises.
Yours the only trustworthy of all voices.

White noises, coloured whispers.
Light my way, prick my whiskers.
I am the cat, now out of the box.
Ready to prosper by chaotic shocks.

■ Längst ist es Nachmittag geworden.
Bin unterwegs. Folge den Geraden
durch begradigte Felder.
EINE einzige, vom Umfeld abgegrenzte
MONOKULTUR.
Annähernd gleiche ^{Höhen}
von Fruchtstand und Stängel.
Die Dominanz EINER Farbe. Man könnte sagen,
aufgestellt, in Reih' und Glied.
Präsentiert ... den Kolben.
Einzig dergestalt möglich geworden,
weil von uns Menschen
als Notwendigkeit angesehen.
Für deren Durchsetzung, und Beibehaltung,
es]zwang[haft des wachsenden Einsatzes
unserer Technologien bedarf.

Maschi∏e∏, Treibstoff, all die Pestizide,
Herbizide, Düngemittel. Verblendung.
Damit nichts aufzubegehren vermag,
was von unserer Normalität, unserer Vorstellung
des für uns Notwendigen, abzuweichen droht.
Und zugleich nur gedeihen kann, was
Menschen als normal erachten und erwarten.

■ Sind wir nicht mehr und mehr versucht,
die Welt nach unseren Vorstellungen
zu perfektionieren ?
Als selbstverliebte Hausmeister
in der Villa des Lebens ?
Nicht wahrhaben wollend,
dass wir einzig versuchen können,
die belebte Natur, als Natürlichste
aller Chaos *LIEBENDEN*
Ordnungen, nicht zu *unperfektionieren*.
Unser Fortschritt ist so einmalig,
wie der Energieträger, der ihn füttert.
Er basiert, komplett, auf nicht
von uns Menschen gemachten Quellen.
Nur würdigen wir dieses nicht
für EINEN Augenblick – und schauen weg.
Weil das Leben so *vielseitig* ist,
wie der Energieträger, den es verkörpert.
Sonnenlicht.

■ Künstliche Kreisläufe,
irgendwo im Kreis den
Kreislauf nicht vollendend, sie
schaffen Unnatürliches, das hauptsächlich

uns von Nutzen ist
und dem natürlichen Kreislauf
dadurch chronisch entzogen wird.
Durch Ansammlung verschiedenster Abfälle,
die mitunter gar nicht, oder nur
über sehr lange Zeiträume hinweg,
wieder in den natürlichen Kreislauf finden.
Oft auf Kosten von Menschen,
die von der Gesellschaft
als ›einfache‹ Menschen bezeichnet werden.
Und meist auf Kosten des Umfeldes,
welches die Eintrittspforten
in den Kreislauf bildet.
Das Vermögen der Wiegen, es verschwindet
in den Gräbern modernen Unvermögens.
Ein weiterer Hinweis,
auf dem sich windenden Weg des Lebens,
hinsichtlich menschlicher Behinderung ?

■ Die Realität besteht aus immer mehr
selbstbewussten Fragmenten.
Nunmehr mögen es über sieben Milliarden
in Menschengestalt sein.
Davon immer mehr geboren
durch EINEN Kaiserschnitt.
Nicht durch die In-Form-Bringung
einer **WAHREN** Königin.

■ Traumatisierungen durch das PRⴲBLE∧,
aus diesem Grunde, immer schwerwiegender
in der Welt belassend, weil dem Nachwuchs,
bereits von Geburt an,

wesentliche Informationen fehlen ?
Als Mensch verkörperte Fragmente,
zusammengefügt aus ebenso vielen
verschiedenen Weltbildern.
Von denen keines EINEM anderen gleicht.
Nicht EIN einziges.

■ Harmonie, der größte gemeinsame Nenner,
der viele Namen in unseren Sprachen trägt:
Frieden, Ruhe, Glück, Wohlstand, Ansehen,
Bildung, Sicherheit, Geld, Nahrung, Gesundheit,
das neuste i-Phone-Modell, keinen Schmerz,
Selbstverwirklichung – und, natürlich, Liebe,
nebst Fußball und EINER entsprechenden,
kontrastreichen Bildschirmdiagonalen.
Selbst die Harmonie unterliegt,
wie nicht anders zu erwarten,
dabei verschiedensten Interpretationen.

■ Erdölreiche Gegenden verkommen
auf Kosten der Prosperität anderswo.
Dort blüht nichts mehr, weil anderswo
die Geschäfte blühen und fortwährendes
Wachstum seltsame, künstliche Blüten treibt.
In Form schwarzer Blätter.
Als Ausdruck von Entfremdung,
Raubbau und Unstimmigkeiten.
Zugleich es die träge MASSE
der Menschen dorthin zieht,
wo der technologische Fortschritt
modernste Tempel errichtet
und mit verschiedensten künstlichen Aromen,

154

Lichtern und Tönen zu betören weiß.
EINE Scheinwelt, aufgebaut auf dem *Scheiß*,
der bestehen bleibt. Die Drecksarbeit machen,
in der Tat, die ›einfachen‹ Leute.
Die zunehmend an dauerhafter Schlaflosigkeit,
Dicksein und Diabetes leiden.
Ganz zu schweigen von jener Dekøhärenz,
die sich als Tumor zeigt.
Dumm und dümmer werden wir.
Da hilft auch keine künstliche Intelligenz.

■ Die Realität, aus unserer Sicht,
EIN gigantischer Vorrats**daten**speicher ?
EIN Paradies für Parasiten,
all der Vorräte wegen ?
Vergangenheit und Zukunft,
EIN somit **MASSEN**-taugliches Produkt
produktiven Menschseins ? EIN Prozess,
der Informationen in **DATEN** umformt,
Wurzeln aus der **E X**formation herausreißt
und so Algorithmen daraus bildet.
Immer seltener aufgrund einer Notwendigkeit.
Vielmehr, weil es dem Menschen möglich ist.
Was unser aller Leben nicht wesentlich
einfacher macht. Aber uns immer lauter
nach Vereinfachungen schreien lässt.
Vor Schmerz. *Algos.*
Die Wurzel, sie vermag nicht zu lügen.

■ Ohne eine Beziehung
zum unmittelbaren Geschehen
werden aus Informationen

jedoch]zwang[släufig **DATEN**.
Und aus dem natürlichen ›Cradle-to-Cradle‹
wird des Menschen Paraderolle
immer deutlicher ersichtlich,
nämlich ›Cradle-to-Grave‹ zu realisieren.
Was auf Kosten von Wiegen
besonders schwer wiegt.

■ Wir Menschen, das Schicksal
der natürlichen Verwobenheit !
Aus Sicht realisierter Lebensformen
nicht die Krone der Schöpfung.
Sondern die ungekrönte Notwendigkeit
des bisher Möglichen ?
Die obendrein das Lösen des PRⵕBLEⵕMⵕ,
durch immer mehr Probleme, noble Gesten
sowie smarte Einflussnahme, entschleunigt ?
Dadurch alles Menschenmögliche beschleunigt ?
Pandemisch für Tren nungen sorgend
und Feindbilder unter die Völker werfend ?
Sich mehr und mehr in die **Enge**
getrieben fühlend, obwohl
sich immer w e i t e r ausbreitend.
Geblendet vom eigenen Spiegelbild.
Verblendet dadurch ?
EINE sich selbst terminierende Saat ?
EIN Spagat, der in die Hose gehen könnte
und Eier nicht länger schaukeln ließe,
hätten einzig wir Menschen
das Ruder des Bootes in unseren Händen ?
Bestialischer als ein Königstiger, zudem ?

■ Wofür aber löst unser Fortschritt Probleme,
die kurzsichtig sind ? Es liegt auf der Hand.
Weil wir es können und weil jeder Mensch
das Recht auf EIN besseres Leben hat.
So erscheint es. Zumindest aus unserer Sicht,
die wir bereits fortgeschritten und damit
vom Leben entfremdet sind.
Total verrückt *wurden*,
durch zeitgeistige Möglichkeiten.
Ob er, der Geist der Zeit, damit bezweckt,
offensichtlich verdeckt operierend,
EINE Züchtung von Menschen hervorzubringen,
die ihn, den Geist, möglichst ewig
am entwurzelten Leben hält ?
Und sei es als künstliche Intelligenz, ohne Nabel
und ohne roten Faden. Unter sterilen,
gleichbleibenden Laborbedingungen.

■ *2084, a brave new world of technocracy ?*
A techno-crazy world of transhuman bravehearts ?
Doublethink the only reality ?
Selection of its own, a step towards exstinction ?
Who is selecting whom,
in a world of artificial whereabouts ?
While dying is no option. Never !

■ Unzählige Probleme werden zu solchen
in der Betrachtung von Schicksalen Einzelner.
Und aus der Motivation heraus, diese Probleme, mit
fortschrittlichen Möglichkeiten, zu lösen.
Das Dilemma der Unterdrückung
von Symptomen – auch hier.

157

Nicht zur syst^emisch^en Heilung,
und damit nicht zur Lösung, führend.
Zumal das Schicksal EINES Einzelnen
nicht im Kontext der Spezies an sich
betrachtet und erlebt wird.
Meistens noch nicht einmal im Kontext
des Lebens des Einzelnen selbst.
Willkommen, auch hier, im **DATEN**-Zeitalter.
Endstation, wenn wir immer weiter
einzig auf schnellere Verbindungen bauen,
die mit immer mehr **DATEN** belastet
werden können – EINEN Fortschritt bewerbend.

■ EINEN Schmerz immer wieder zu betäuben,
lässt das eigentliche Problem nicht hervortreten.
Es ruft gar weitere hervor.
Entstehen die meisten Probleme nicht erst
aus der zusätzlichen Entfremdung
von uns EINEN von uns selbst ?
Auf diesem Wege erst recht all die Symptome,
des einen PRObLEMS,
als Schicksalsschläge Einzelner ansehend,
vor denen die Allgemeinheit, irgendwie,
bewahrt werden muss. Anstatt
sämtliche Symptome als Wegweiser
zu akzeptieren, die den Lösungsweg
aller Beteiligten säumen. Um das Endstadium
EINER Spezies aufzulösen !

■ Haben Tumoren, die mehr und mehr
unser Gesellschaftsbild prägen,
wirklich EINE verallgemeinerte Herleitung ?

Das besagte PR☺BLE∧ ?

■ Herdenimmunität in den karzinogenen
Metropolen dieser Welt ?
Mehrfach mehrdeutig eingeimpft ?
Als Lüge modernisiert ? Lügen,
die mit keinem Sprengstoffgürtel
zusammengehalten werden können ?
Wo doch eine Herde
die gestillten Möglichkeiten jedes Einzelnen,
mit der Notwendigkeit der Herde selbst,
in Einklang zu bringen hat.
Und zudem möglichst viele Gemeinsamkeiten
der Einzelnen hat. In Metropolen dagegen
werden äußerliche Verschiedenheiten
angestrebt. Möglichst viele noch dazu,
um sich von der MASSE abzuheben.
Des lautstarken Egos wegen. Nicht,
um im Stillen Lösungen ausfindig zu machen.

■ Ganze Nationen, die als Gemeinschaft
erscheinen, aufgrund von Grenzen,
die Zeuge von Beherrschung sind.
Was attestiert dieses den Attentaten in
den Metropolen von Nationen, in denen
keineswegs alle Menschen EINE
gemeinsame Sprache sprechen ?
Wie stünde es um moderne Herden,
wenn Neusprech und Doppeldenk
nicht zur Sprache kämen ?
Und Kurzsichtigkeit auf dem Index stünde ?
Sowie Normierung EIN Verbrechen wäre ?

■ Wo liegt sie, die Lösung des PRⵀBLⵉMⵛ ?
Natürlich in jedem vereinzelten Problem selbst.
Stecken doch in jedem Koch,
von denen viele zusammen Brei verderben,
reichlich Erfahrungen, großmüttererlicherseits.
In ihnen, wiederum, die gesamten Erfahrungen
der vermögendsten *aller* Mütter.
Ist mein Tumor folglich nicht in guten Händen ?
Wenn weder Liebe, noch Feindseligkeit,
weder Harmonie, noch Lebensappetit,
seinen weiteren Werdegang   .
manipulieren können ?

■ Also ist *doch* der EIN Held,
wer der **WAHRHEIT** Vertrauen schenkt ?
Ohne jenen sonderbaren Geschichten
Gehör zu schenken, die irgendwann
damit begannen, das weibliche Prinzip,
soweit möglich, aus der gemeinsamen
GESCHICHTE des Lebens zu verbannen.
Und den Gürtel **enger** zu schnallen.
Und alles Weibliche zu foltern.
Und zu unterdrücken, zu verfolgen,
zu verbrennen, ins Lächerliche zu ziehen.
Und zu verachten. Und, und, und.
Weshalb manch EINE es vorzieht,
wie manch EINER zu erscheinen ?
Um ebenfalls EINE zeitgeistige
Karriereleiter emporzusteigen ?
Lieber Teil der Lüge sein, als gar keinen
Anteil mehr an der **WAHRHEIT** zu haben ?

160

■ ☐ Gemeinsamer Abend am Feuer.
Die Vergangenheit ausgeschöpft.
Erschöpft. Auf Wesentliches beschränkt.
Poesie.

☐ ☐ Wieder Nacht. Wieder hier. Hier bei Tage.
EINE Entscheidung, nun steht sie an.
In die Finsternis der Höhle ?
Hinüber zum anderen Ufer,
über die schmale Brü‿cke ?
Hemisphären, durch sie verbunden. Oder
weiter wie bisher ? Hinab ins Tal ?
Somit weiter am Fluss entlang ?
Gibt es noch eine andere Möglichkeit ?
EINE ANDERE vielleicht ?
Nun, meine Füße kennen bereits den Weg.
Sind bereits auf ihm unterwegs,
noch ehe ich mich entscheiden kann,
ob ich überhaupt vor einer Entscheidung
denn stehe. Ich folge. Während ich gehe.

☐ Berühre mit den Eindrücken meiner Hände
die Halteseile zu beiden Seiten.
Ein kühles, zartes Material.
Fremdartige Spinnenseide.
Führt sie mich direkt ins Netz ? Arachnophobie ?
Dem Trauma auf der Spur ?
Mein Zögern wird von einem Sog hinweggesogen.
Ich gehe. *JETZT !*
Halte mich fest. Schritt für Schritt.
Die Brü‿cke wackelt, schwankt.
Als hätte sie selbst noch die eine
oder andere Entscheidung abzuwägen.
Sie schwingt sich ein. $((((\text{Resonanz})))$.
Ich bewege mich über ein Geflecht
von Knoten und Strängen fort.
Schaue, immer wieder, dem Fluss hinterher,

wie er dorthin gelangt,
wohin auch ich gelangt wäre,
hätte ich meinen bisherigen Weg fortgeführt.

☐ Keine Spur von Schwarz. Dort,
wohin ich mich bewege.
Alles in Weiß. Eine unbemalte Leinwand,
alle möglichen Bilder in sich vereint.
Gerade einmal zehn Kinderschritte
noch bis zum ANDEREN Ufer.
Vielleicht aber auch noch ein sehr langer Weg,
für EINEN Erwachsenen.
Der mehr und mehr hier findet,
wonach er immer seltener sucht.
Einfach gesättigt, anstatt mehrfach ungestillt,
vom Zeitgeist subventioniert.
Verteuert um EIN Vielfaches.
Ich gehe einfach weiter.

☐ Habe mich inzwischen eingestimmt
auf das Schaukeln der Brü⌒cke.
Vertraue ihrer Machart. Frage mich,
im Weitergehen, wer sie wohl, dergestalt,
hat werden lassen. Ein leichtes Ziehen,
um den Nabel herum, vertreibt die Fragen.
Es muss mir dieses als Antwort genügen.

☐ Erreiche schließlich das ANDERE Ufer.
Sehe, am Ende der Brü⌒cke,
das nun auch ein Anfang ist, eine Spindel,
mit etwas aufgewickeltem Faden,
auf dem Boden liegen. Bücke mich.

Überlege nicht.
Folge dem Faden, der sich im Weiß verläuft.
Damit, da bin ich mir sicher,
ich mich nicht *wer-weiß-wo* verlaufe.
Ich wickle den Weg, der sich ergibt,
auf der Spindel auf. Folge, ohne mich,
insgeheim, verfolgt zu fühlen. Fühle,
dass ich keinen Weg verfolge,
sondern alles eine @kausale Folge ist.
Die ihrerseits folgenreiche Folgen
von folgenreichen Ursachen ist.

☐ Über den weißen Boden,
mit all seinen weißen Unebenheiten,
gelange ich, unter weißen Blättern und Wipfeln,
was-weiß-ich-wohin.
Die Phil•harmonie, deren Musiker, allesamt,
in weiße Seide gekleidet erscheinen,
scheinen überall zu sein. Ein jeder von ihnen
zugleich sein eigenes Instrument.
Ihre Musik so nahtlos,
dass sie mir hier unsichtbar erscheinen.
Ihr Klang indes begleitet mich.
Zusammen, mit dem Faden,
wickle ich auch ihn auf der Spindel auf,
deren Umfang wächst.
Sieht so gesundes Wachstum aus ?

☐ Und dann … aus heiterem Himmel,
voller Wolken. Unerwartet,
selbst für EINEN, der nichts erwartet hat.
Die pralle Spindel gleitet aus meiner Hand.

Ein Stück des Fadens, der kein Tonband ist,
entrollt sich flink. Völlig unerwartet.
Dort liegt *sie*. Gebettet
auf Unmengen weißer Blüten.
Ihre Augen geschlossen.
Die Haut noch weißer als das Blütenmeer.
Ihr Gesicht märchenhaft geformt.
In *ihrem* Schoß ein Apfel. So rot
wie nur ein Rot in dieser Weißheit
zu leuchten vermag.
Die Spindel !? Blicke auf den Boden.
Sie ist verschwunden. Oder fortgerollt.
Nicht fortgeschritten.

☐ Betrachte *sie* erneut.
So friedlich liegt *sie* da. Als wäre *sie* längst
weder in dieser noch in jener Welt.
Als wäre *sie* schon dort,
wo EIN jeder bereits gewesen war.
Weiß wie Schnee. Eine vertrauensvolle Melodie.
Leise sage ich *ihren* Namen.
Den Namen meiner Frau.
Wiederhole ihn ein wenig lauter.
Einzig die Musiker reagieren darauf.
Sie tragen ihren Namen
zu den Wipfeln der Bäume empor.
Ohne ihn als ihren Besitz anzusehen.
Sie, hingegen, verweilt regungslos.
Ich knie neben ihr nieder. Mal wieder.
Nehme ihre Hand in meine. Kühl.
Ein weißes Tuch verhüllt ihre Haare.
Es dauert einen Moment, und einen weiteren,

bis ich es verstehe. Kein Tuch. *Nein,*
alle ihre langen Haare, sie sind fort.
Ihr blasser Schädel, umgeben von Blüten.
Ihr gesamter Körper bedeckt damit.
Nur ihre Arme und das Gesicht noch frei davon.

☐ Sprich, Eden, sprich. Was kannst du
mir über den tiefen Winter erzählen ?
Und über die Beweggründe von Märchen ?
Himmel, Erde, Unterwelt ?
Mädchen, Frau, wildentschlossene Greisin,
vereint in einer einzigen Verkörperung ?
Verzerrt, zerstückelt, entwurzelt,
über die Geschichte verstreut.
Wie Asche, die der Wind, pfeilschnell, fortblies.
Nein, Schnee fällt hier offensichtlich nicht.
Aber vielleicht ist hier, schlicht,
weiße Magie am Werk.

☐ Ich betrachte den Apfel.
Ich lasse ihre kühle Hand los. Ergreife die Frucht.
Berühre mit der anderen Hand die Stelle,
wo ich ihren Bauchnabel vermute.
Lege ihn frei. So weiß
wie die weiße Haut drumherum.
Ich beiße emotionslos in den Apfel hinein.
Ein Bissen genügt. Und plötzlich
sehe ich all die ANDEREN verkörpert.
Überall um uns herum. Ihr gesamtes,
gestaltetes Instrumentarium.

☐ Als wären sie das Blattwerk der Bäume,

füllen sie deren Äste und Zweige.
In allen nur erdenklichen Gestalten
lebender Diversität.
Selbst die Stämme bevölkern sie,
sich um sie schliegend.
Was ich für Blütenblätter auf dem Boden hielt
sind nicht nur solche. Es sind auch Insekten
und andere winzige Lebewesen,
die sich nun hin und her bewegen.
Wie Wellengang, animiert von einer Brise.

☐ Die freie Stelle auf ihrem Bauch
ist längst wieder bedeckt.
Dass ich kaue, merke ich nicht.
Eingenommen vom Anblick der Szenerie.
Ein weiteres Mal völlig unerwartet,
ohne eines weiteren Bissens zu bedürfen,
schütteln die Bäume all das Leben ab,
welches sie bekleidet.
Der ^{Höhe}punkt ihres phil•harmonischen Treibens,
er bahnt sich an. Wer es vermag,
steigt in die Lüfte empor. Wer nicht,
der begibt sich zu Boden. Als wäre zu erwarten,
dass die Bäume, entkleidet,
sich nun selbst auf den Weg begeben würden.
In ihrer eigentlichen, verwurzelten Gestalt.

☐ Meine Frau liegt noch immer, reglos,
inmitten der weißen Wogen.
Einzig ihr Gesicht bleibt weiterhin unbedeckt.
Das Märchen wird fortgeführt.
Dessen Kern dargelegt.

Leben reguliert sich selbst. Durch Diversität.
Die Phil•harmonie als Ketten-**BRUCH**,
um sich anzunähern, an die **WAHRHEIT** !

☐ Scharen flugfähiger Lebewesen,
einen riesigen Wirbel bilden sie,
über den Wipfeln des Lichterwaldes.
Als beratschlagten sie die nächsten
beflügelten Schritte, ohne EINEN Wirbel
um das Ergebnis zu entfachen.
Mich nicht von der Stelle bewegend,
verfolge ich das Schauspiel. Gedankenverloren.
Beiße erneut in den Apfel. Überzeuge mich
von der Unversehrtheit meiner Frau.
Schaue wieder zum grauen Himmel empor.
Etwas bildet, entwirbelt sich.
Nimmt eine gemeinsame Form an.
Eine einzelne Form aus unzähligen,
unablässig erklingenden,
instrumentalen Gestalten.
Etwas gefühlvoll zum Leben erweckend,
woran ein jedes Instrument
einen notwendigen Anteil hat.
Die Lebendigkeit, all dieser Wesen,
ermöglicht erst, was mehr ist
als alle dazu benötigten Teile.

☐ *Die* Kommunion, im Zeichen der HARMONIE,
ohne Zeichen religiöser Konformität.
Ohne EINES Gottes zu bedürfen, der da sagt:
Das ist gut.
Noch ehe ich

die sich anbahnende Gestalt erkenne,
ahne ich bereits, was geschehen wird.

☐ Ein Greifvogel. Vielleicht ein Adler. *Nein.*
Ganz *bestimmt.* Ein *Adler.* Majestätisch.
Beflügelte Morgensonne. Ihre zwei Schwingen,
eine Schwingung aus unzähligen Flügelpaaren.
Herab senkt sie sich. Ihre Krallen ausgestreckt.
Eine eingespielte Kooperation,
ohne es einstudiert zu haben.
Gleitet, trotz ihrer GRÖßE, ohne Raub im Sinn,
durch die Äste und Zweige des Waldes hindurch.
Ohne je eines Anteils an ihrer Erscheinung
verlustig zu gehen.
Der Wind ihrer Schwingen entfacht
die Wogen des Bodens erneut.
Überall Wellengang. Als tanzten sie,
all die ANDEREN, die ohne Flügel sind.
Ohne die Oberfläche zu zerteilen.
Alles ist in Bewegung. Beschwingt.
Meine Frau treibt auf ihnen dahin.
Als triebe sie federleicht, schwerelos,
auf diesem Ozean. Dem größten aller Seen.
Ohne vertrieben zu werden.
Ohne abgetrieben zu werden,
von zeitgeistigen Strömungen.
Trotz EINER Behinderung ? Sich anvertrauend,
als warte sie. Auf Rettung, von der sie spürt,
dass sie bedingungslos sich zutragen wird ?

☐ Der Adler, gelandet.
Hier wird **GESCHICHTE** geschrieben.

Eingeschrieben ins Genom des Lebens.
Ohne Worte.
Kein Held in Aussicht. Ein Geschöpf,
nun zum Greifen nahe.
Ein **WAHRES** Wesen. Kein verkörpertes Spiegelbild
EINER Gesellschaft, die von Domestizierung lebt.
Sowie von EINEM Sicherheitsversprechen …
im Gegenzug für blindes Gehorchen.
EINEM Kontrollwahn erlegen.
Der Adler, sie bleibt, auch im Kontakt
mit dem Boden, **WAHR**-haftig.
Wendet ihren Kopf mir zu. Sieht mich an.
Wie einst meine Frau, als sie zu mir sagte:
Schau.

☐ Ich nähere mich ihr. Halte kurz inne,
als sie zu zerfließen beginnt.
Mir entgegenfließend. Mich umspülend.
Wie die Flut. Mich aufnehmend.
Tragend. Mich mit sich fortnehmend.
Und ehe ich mich versehe
sitze ich auf dem Adler selbst.
Die Flut währte nur Momente.
Die Ebbe ließ den Adler sich wieder finden.
Mit mir *jetzt* auf ihrem Rücken.
Aus vielen Rücken. Und vielen, vielen Flügeln.

☐ Ich werfe einen Blick
über meinen eigenen Rücken.
Nicht, um nach Flügeln Ausschau zu halten.
Vielmehr aus unbesorgter Sorge um meine Frau.
Unverändert ihr Anblick.

Weiter treibt sie auf der Stelle.
Weiter wartet sie. Auf meine Rückkehr ?
Meine Rückkehr erwartend ?

☐ Der Adler, ihre Schwingen ausbreitend.
Erhebt sich in die Lüfte. Trägt mich fort.
Durch Bäume fliegen wir hindurch.
Der Wind, ein freudestrahlendes *Hallo*.
Alle, die der Adler sind, antworten ihm. *Unisono*.
Sie alle gewinnen schnell gemeinsam an ^{Höhe}.
Tragen mich ^{höher}. Der Wind ^{hoch}erfreut
und immer ^{höher} sich erfreuend.
Der Adler, über dem Lichterwald nun
kreisend. Spielt ihr Spiel mit dem Wind.
Im Saal ohne Wände.
EINER ANDEREN Geburt beiwohnend ?

☐ Wo will sie, wo wollen *sie alle*, mit mir hin ?
Unter uns allen der schmale Grat des Flusses.
Sich schlängelnd, durch die Schwärze
und das Weiß. Und bevor *mir* schwarz
vor Augen wird, weiß *ich*, wie angeflogen,
weshalb *ich* auf diesem Adler sitze.
Und was *ich*, alsbald, zu vollbringen habe.
Wenn *ich* zurückkehren werde.
Zu *ihr*.

☐ Erwache dort, wo wir gestartet waren.
Finde meine Frau dort vor.
Im wogenden Ozean aus Lebewesen.
Als wäre ich keinen Augenblick
nicht vor Ort gewesen.

Liege ausgestreckt auf dem Boden.
Der Adler verschwunden.
Die Bäume wieder bevölkert von Tausenden,
die ein Adler erst kürzlich noch waren.
Die Krümel dort. Der Kuchen fort.
Sein Anblick, wie der Geschmack
einer Kindheitserinnerung, in mir verwahrt.
In guten Händen.
Der gemeinsamen **GESCHICHTE** zugetragen.

☐ Der Schwindel, vergessen.
Mich erhebend, erst jetzt bemerkend,
dass ich noch immer den angebissenen Apfel,
in meiner Hand, umschlossen halte.
Erneut beiße ich hinein. Und wieder. Und wieder.
Kaue ohne Eile. Wische mir den Saft,
mit dem Rücken einer Hand, vom Mund.
Nach wie vor, ein ungewohntes Empfinden,
nur spürend, was man, ansonsten,
gewohnt ist auch zu sehen.
Schließlich, das Kerngehäuse freigelegt,
entnehme ich die Kerne. Fünf an der Zahl.
Entnehme der Wiege eine Saat.
Nicht EINE Urne ihrem Grab.

☐ Unmittelbar neben meiner Frau lege ich
den seichten Grund des weißen Ozeans frei.
Grabe mit den Fingern ein flaches Loch.
Ohne Widerstand. Ohne, dass das Loch
sich wieder füllt. Von Geisterhand ?
Dieses Werk vollbracht, lege ich die Kerne hinein.
Schiebe nun selbst das Loch wieder zu.

Kaum geschehen, legen sich
die weißen, sanften Wogen darüber.
So, als wäre nichts geschehen.
Dann greife ich mit beiden Armen
unter meiner Frau hindurch. Hebe sie an.
Erhebe mich mit ihr. So leicht, wie sie farblos ist.
Trage sie. Dorthin, wohin ich sie bringen muss.
Damit aus Fremdartigkeit
nicht länger Feindseligkeit wird.
Und *LIEBE* den Tumor zurücknehmen kann.
Indem sie ihn mit sich auf die Reise nimmt.

☐ Der Tumor, der notwendig wurde,
weil zu viel Feindseligkeit
das Wesen des Lebens, im Kern, bedroht.
Eingeimpfte Realität oder aber
vererbte Wirklichkeit ? Kein Lehrbuch
hilft hier wirklich weiter.
Mehrdeutigkeit, synchronisiert
durch eindeutige Deutungshoheit ?

☐ *The sound of silence,*
the silence of gold in every DNA ?
The interwoven gift of a cosmos,
coming home, at last.

☐ *Poesie* durch Weglassen ?
Durch Beschneidung, Fragmentierung,
Vereinzelung ? Durch Vereinfachung ?
Nein, *Poesie* kann einzig nur durch
Verbindungen zum **GANZEN** gelingen.
Ohne diese Verbindungen jedoch

mit EINEM einzigen Wort zu thematisieren.

Poesie, das Wasser der Meere.

Das Licht der Sonne.

Nackte Füße auf warmer, feuchter Erde.

[E][X]formation.

☐ Das Tragen EINES nassen Kleidungsstückes,
ohne den langen Faden
seines Gewebes verfolgen zu müssen.
Am Körper getragen,
folgt EINEM das Kleidungsstück,
wohin man auch geht.
Information.

☐ EIN Fetzen davon, im Stacheldraht
EINES versperrten Pfades hängend,
wird dieser seiner Verbindung,
zum Beginn des Fadens, beraubt.
DATEN.

☐ Ihr kahler Kopf hängt herab. Kraftlos.
Ihre bloßen Arme ebenfalls.
Wie ein einzigartiges Meisterwerk,
geformt aus feinstem Porzellan,
liegt sie reglos in meinen Armen.
Ich trage sie den Weg, dem ich gefolgt war,
bevor ich sie fand. Nur diesmal ohne
wegweisenden Faden. Sie, nicht länger verhüllt.
Ich, gänzlich enthüllt. Seit mein Weg begann.
Mehr als nackt.
Die Brü͡cke. Kein Hindernis. Mit keinem Schritt.
Sie zusammen zu überqueren,

nun *tatsächlich* ein Kinderspiel.
Ganz im Vertrauen. Die Puzzlestücke –
sie finden EINANDER. Resonieren.
Erkennen sich. Und fügen sich ... zusammen.

☐ Wieder zurück im Finsterwald.
Der Körper meiner Frau, kφhärentes Licht
in der objektbehafteten Dunkelheit.
Das Schwarz rührt sie nicht an.
Macht nicht einmal zaghafte Anstalten,
es zu wagen. Nur noch wenige Schritte.
Endlos könnte ich ihren Körper,
in dieser Form, weitertragen.
Dann entdecke ich die Höhle. Vantaschwarz.
Wie EINEM Labor, für modernste Werkstoffe,
entsprungen. Militärischer Sperrbezirk ?
Schwarze Löcher, doch irdischen Ursprungs ?
Wie dem auch sei, hinein.

☐ Schreite fort, mit meiner Frau auf dem Arm.
Auch hier ist sie Licht. Doch genügt es nicht,
um zu erkennen, was vor uns liegt.
Null-Zeit. Hier nimmt die **WAHRHEIT** ihren Lauf.
Geformt als **WAHRER** Fortschritt.
Keine Entdeckung entdeckt zuvor Verborgenes.
Bedeutet, *etwas zu entdecken* nicht vielmehr
einzig Möglichkeiten aufzudecken, die bisher,
vom unmöglich Scheinenden, verdeckt waren ?
Wie Farben, die alle Bilder
der Leinwand abdecken – bis auf eines.

☐ Augenblicke voller Leere. Auf Geheiß

des bewussten Verzichts auf Schwere.
Gravitation macht EINE Welle. Die Zeit drängt.
Wir EINEN, EIN Gewohnheitstier ?
Muster wiederholen sich. BRUCH-Teile finden sich.
Der Lösung nahe.
Angekommen. Hier. JETZT.
Der Augenblick, auf den alle Augen blicken.
Schweigen, auf welches Stille folgt.
Ich spiele das Lied meines Lebens
auf der Harfe ohne Saiten.
Klatsche dazu im Rhythmus der Jahreszeiten.
Mit einer Hand. Werde,
was ich anders nicht sein kann. Bin,
was ich andernfalls nie war.
Ein Niemand ist, wer dem gewieften Ungeheuer
dennoch zu entkommen vermag.
Freiheit beginnt, wo eine Notwendigkeit
ihren Anfang nehmen kann. Wo das Wesen sich
auf dieses Vermögen einlassen kann.
Selbstbewusstsein verarmt am Wesen.
Das Wesen ist arm an Selbstbewusstsein.
Armut, reich an Wesentlichem,
ist der Mut eines Niemands.
Ungeheuer, sie lauern überall.
Ein WAHRER Held, dieser Niemand.
Mit der Absicht, als Odysseus,
in die Geschichte einzugehen ?
Als irgendein Niemand
zum gemeinsamen Nenner
aller Teilgeschichten werden ?
Dem Teilchenbeschleuniger komplett
den Strom abdrehen ?

Eine Mutation ganz normaler,
allgegenwärtiger Begehrlichkeiten.

☐ Die Menschheitsgeschichte, zahlreiche
Schichten, die im Dunkeln liegen.
EIN Geschichtsbuch, EIN Buch voller Lügen.
Eins plus Eins ist nicht Zwei.
Zwei plus Zwei nicht Fünf.
Vorsicht, Gedankenpolizei. Ein Augenblick *ist*.
Jeder Augenblick, das Normalste der Welt ?
Wo also liegt das Problem ?
Wo liegt es unter der ~~Oberfläche~~ begraben ?
Wo kommen all unsere Gräber her ?
Gräber, vom We†ter gezeichnet,
ohne lesbare Inschriften. EIN Grab
neben EINEM andern und weiteren.
EIN weiteres daneben. Ist es so ? Das Leben ?
Wo selbst unsere Gräber möglichst ewig
währen sollen, um authentisch zu wirken.
Um zu erinnern ? Und Energie zu binden ?
Damit Zeiten, die überflüssig sind,
in Anwesenheit von Gezeiten,
wieder normal fließen können ?

☐ ■ Verweile.
Eine Weile noch.

■ ■ Regen fällt an diesem Morgen.
Grabesstille, wohin ich auch schaue.
Die Regentropfen, noch leiser
als die Gedanken in meinem Kopf.
Lasse es regnen. Pfützen auf dem Weg.
Sie werden zum See.
Nicht ein Blick gleicht einem weiteren.
Jeder Blick ein Einblick.
Endlich. Stille. Trotz des Windes,
der flache Wellen auf Pfützen setzt.

■ Kann ich sein im Nicht-Sein ?
Kann der Weg so einfach sein ?
Kann ich allein sein im **EINS**-Sein ?
Im Bei-Sein allen Lebens ?
Niemals bin ich allein gelassen.
EINS plus **EINS**, gleichbedeutend mit
WIR, das Leben, **SIND ALLE EINS**.

■ Erwin Schrödinger, er fragte einst,
was Leben sei. EIN offensichtlich kluger Kopf.
Reichlich mathematisches f(ormelwerk),
um festzustellen, dass er darin nicht
die Antwort auf seine Frage fand.
EINE Frage, die auch heute noch
so manchem klugen Kopf selbigen verdreht.
Dabei lässt sich ganz einfach darlegen,
warum Mathematik, in keiner Form,
das Leben, im Sinne Schrödingers Frage,
zu beantworten vermag.

■ Mathematik vereinfacht das Einfache,

und schon wird die Welt kompliziert.
Grundschüler antworten auf die Frage,
was *ein* FELS plus *ein* FELS ergibt,
ohne lange zu zögern, mit *zwei* FELSEN.

1 + 1 = 2

■ Sieh an, da haben wir schon das Problem.
Bereits von Kindesbeinen an.
In der chaotischen Ordnung der Natur
gibt es nicht zwei Dinge, belebt
wie unbelebt, die *exakt* gleich sind.
Weshalb diese Rechnung nicht **WAHR** ist.
Die natürliche Schreibweise,
sie müsste indessen lauten:

1 + 1 = 1 + 1

■ Funktioniert Mathematik nur,
wenn mittels Reduktion
Gleiches geschaffen wird ?
So schaut es aus, schaut man genau hin.
Sitzen zwei Vögel nebeneinander auf einem Ast,
sagen wir: *Oh, sieh nur, da sitzen zwei Vögel.*
Ein Vogel und noch ein Vogel ergibt zwei Vögel.
Doch der eine gleicht keineswegs
dem einen daneben, allein schon,
weil sie an verschiedenen Orten,
wenn auch auf einem Ast, verweilen.
Weshalb die Rechnung nur aufgehen kann,
wenn reichlich Informationen
unberücksichtigt bleiben.
Würde das Leben gleichsam funktionieren,
wie wir mit Zahlen verfahren,

könnten wir uns die Frage *Was ist Leben ?*
nicht stellen, weil höchst-**WAHR**-scheinlich
gar kein Leben, unter solch mathematischen
Umständen, lebensfähig wäre.
Egal, wie komple**X** das f(ormelwerk)
gestaltet würde. Schließlich versagt
schon die einfachste aller Rechnungen.

■ Bezieht man in die Rechnung,
jeweils für jedes einzelne Objekt,
einen Spielraum mit ein,
in welchem das Objekt zu wirken vermag,
all das, was die Rechnung ansonsten
unberücksichtigt lässt,
damit **1 + 1 ▪ 2** gelten kann,
dann kommt Leben ins Spiel.
Wodurch die Unwahrscheinlichkeit
zweier exakt gleicher Objekte
allerdings ins Unermessliche steigt.
Mag daraus folgen, dass Leben sich
umso deutlicher klarlegt, je mehr Objekte,
belebt wie unbelebt, in die Rechnung
des Lebens einbezogen werden ?
Sind Spielräume, groß wie klein,
doch zugleich die Lebensräume der lebenden
und die Wirkräume der unbelebten Objekte.
Geht daher die Rechnung umso eher auf,
je einfacher sie gestaltet wird ?
Oder anders gefragt: Je mehr f(ormelwerk),
je mehr Algorithmen, je mehr **DATEN**-Banken
und Vernetzung von Supercomputern,
je mehr verschiedene Forschungszweige,

je mehr kontrollierte Studien, desto eher
bleibt die Antwort auf Schrödigers Frage
auf der Strecke normierten Lebens ?
Die Antwort darauf lautet:
JA ! Es gibt sie nicht,
die lebensfähigen Algorithmen.

■ Wie könnte sie auch ANDERS lauten,
wenn wir EINEN die Frage nach dem Leben
derartig stellen, dass Buchstaben gleiche Worte
hervorbringen, wie Zahlen das Leben
auf Gleiches reduzieren ?
Sind die ANDEREN demnach klüger
als die Summe all unserer klugen Köpfe,
weil wir EINEN überall dort
mit den ANDEREN rechnen müssen,
wo wir sie nicht erwarten ?
Oder sind wir EINEN die Dummen,
weil wir *Eins* und *Eins* nicht ZWEI-FELS-FREI
zusammenzählen können ?

■ Weder noch. Ist Leben doch
EINE Polarität, die ganz anders
als die ANDERE ist. Die
aber nur gemeinsam einen gemeinsamen
Gewinn verweltlichen können,
im kφhärenten Sinne von *ver-WIR-klichen*.
Ohne zu klicken oder über, husch,
hübsche Oberflächen zu wischen.
Ohne sich selbst, besser, in der glatten
Oberfläche spiegeln zu können.
Oder EIN Bild, vom eigenen Selbst,

in EINEN Rahmen zu pressen.
Über die eigene Armeslänge hinaus.

■ Die Apokalypse, sie liegt in unseren Zellen.
Energie, hinter Gittern verbannt.
Ihr gleißendes Licht dekØhärent.
Das harte, kalte Licht einsamer Fenster.
Plattenbau und Mietskasernen.
Aggressives Wolfsgeheul hallt
durch finstere Straßen. Hilferufe.
Niemand erhört sie. Zu oft ertönen sie
in den langen Nächten. Und immer öfter
an helllichten Tagen.
Die Kernschmelze nur EINE Frage der Zeit,
wenn man den Schlagzeilen folgt.
Den Medien glaubt. Den Predigern traut.
Kernschmelze, EINE Frage des Schmerzes,
den eine Spezies zu erdulden vermag.
Wenn man konsequent dem roten Faden folgt.

■ ☐ Folge diesem. T-Shirt für T-Shirt.

☐ ☐ Ich öffne meine Augen. Kein Bild.
Versuche es erneut. Offen sind sie längst.
Habe erwartet, den Himmel zu sehen.
Sehe stattdessen nur Mangel an Licht.
Werde eines Schimmers gewahr,
der neben mir liegt. Kühle,
in Form eines Gesichts.
Meine Frau ist es.
Über die Brü⌒cke hierhergetragen.

☐ Unbeleuchteter Weg, in die $_{Tiefe}$ führend.
WAHR-scheinlich lauern dort unten (?)
weit mehr Ängste, als manch Tumor
uns zu ängstigen vermag.
Raum 1☐1. Längst digitalisiertes Schlaraffenland.
EIN Trauma, pulverisiert in Bits und Bytes.
Wenn unser Fortschritt EIN Symptom
der Tren nung von den ANDEREN ist,
ist die virtuelle Welt der **DATEN** dann
der Schmerzsaft, um uns EINEN
die Tren nung zu versüßen ?
Langzeitwirkung garantiert.
Retardierung als Notwendigkeit ?
Damit die Annahme EINER Behinderung
möglich wird ? Normal erscheint ?

☐ Gegen Tumoren gibt es unseren Fortschritt.
Besagtes Symptom ? Mit EINEM Symptom
gegen EIN Symptom angehen ?
Bekriegt der Mensch sich deshalb selbst ?
EIN Wunsch, der in Erfüllung geht,
sich aber als Irrtum herausstellt.

183

Mutationen werden umgangen.
Unstimmigkeiten medizinisch ausradiert.
Gewaltige **DATEN**-Berge ausgewertet.
DATEN gefoltert, bis sie EINE Wahrheit sagen.
Erschöpft, jeglicher Bindungen
endgültig beraubt.

☐ Überall Brü ⌒ ckenbauarbeiten. Einsturzge
Traumatisiert auf Lebenszeit.   fa
Das Immun[s]y[s]t[e]m angefeuert.   h
Schneiden, Bestrahlen und Vergiften,   re
längst nicht mehr ausreichend.
Wenn es je genügend war, was wir   n.
zu leisten meinten, um Probleme zu lösen.
Wo ist das Vermögen, den Weg in die $_{Tiefe}$
bis zum $_{Tief}$punkt zu gehen ? *Wo ?*
Sind nicht auch [S]y[s]t[e]m[e] Symptome ?

☐ Tumoren führen uns Menschen,
wie keine andere symptomlastige Erkrankung
vor Augen, was es bedeutet, sich als Spezies
von der Lebensgemeinschaft zu entfremden.
Ist diese, ansonsten artfremde, Entfremdung
doch das eigentliche PROBLEM.
Welch $_{tief}$greifende Revolution.
Eine R-EVOL-UTION, die
A N D E R S verlaufen wird
als alle bisherigen – und ohne
im Chaos, blutend, verloren zu gehen.

☐ Würden wir Menschen nicht zunehmend
im Außen realisieren, was wir glauben,

im Innern, durch unseren Fortschritt
besiegt zu haben, wäre der erste Schritt,
auf diesem Weg in die Tiefe, getan.
Nachdem wir nun Jahrtausende
damit verbracht haben uns, soweit möglich,
von der Gemeinschaft des Lebens zu lösen,
liegt unmittelbar vor uns dieser Weg,
der uns etwas Anderes und ANDERES
abverlangen wird als Alles,
woran wir uns gewöhnt haben.

☐ Wenn jeder Tumor EIN Fragment
des eigentlichen PROBLEMS ist
und dieses PROBLEM nur gemeinsam
gelöst werden kann, dürfte deutlich werden,
welche Spezies am Beginn
WAHREN Fortschritts steht.
Noch völlig verängstigt,
weil auf Gewohnheiten
sowie Sicherheiten bedacht.
Während symptomreicher Energieraub
das unstete Fundament
unserer Gesellschaften ist,
welches zunehmend Risse bekommt.

☐ Finsternis nun, mit einer Ahnung darin.
Sehe keinen Laut. Höre keinerlei Form.
Ich meine zu gehen.
Vielleicht falle ich auch schon.
Zeit der Inkubation. Ein tiefer Schlaf,
um im Beisein des Lebens zu erwachen.
Obwohl Inkubationszeit, im Allgemeinen,

EINE andere Bedeutung für uns EINEN hat.
Nämlich die Zeit bis zum Ausbruch
von Symptomen einer Krankheit.
Von Beginn der Infektion durch ANDERE an.
Der ₜᵢₑfₑ Schlaf vielleicht nur List ?
EIN Beischlaf mit bôsem Erwachen ?
Schiebe den Zwe¿fel beiseite. EIN Riegel,
der EIN vergessenes Tor öffnet.
Oder EINEM Tor Vergessenes eröffnet ?
Sind wir Menschen nicht das stillste Wesen
mit dem lautesten Ego ? Und haben wir nicht
EIN paradoxes Perpetuum mobile erfunden ?
EINES, das ohne Lösung immer mehr
Probleme erschafft.

☐ Die Inkubation. Der Beginn des Weges.
Zu sterben, ohne der Endgültigkeit des ✝odes
selbst zu begegnen. Und doch, jederzeit,
das Vertrauen zu haben, ihm,
dem ✝od, nicht im Wege zu stehen.
Alles loslassen, was die **WAHRHEIT** umhüllt,
umgibt, umgarnt. Was sie zu fesseln versucht,
um sich an ihrer Ɛnergie zu laben.
Um lautstark zu werden. Gesundheit,
die wohl langsamste Form des ✝odes,
die das Leben, in aller Stille,
zu realisieren imstande ist ?
Sich dessen bewusst zu entledigen,
das EINEM Ɛnergie unentwegt raubt.
Räuber in schlechter Gesellschaft.
Gesellschaften, umgeben von dicken,
engstehenden Gi ⊤⊤⊤⊤⊤⊤⊤⊤⊤ terstäben.

186

☐ Nichts ist in Gesellschaften so irreführend
wie die Angst vor dem ♱od. Außer der Annahme,
dass der ♱od]zwang[släufig
EINEN Verlust bedeutet.
Die Bewusstwerdung, dass dem nicht so ist,
ist dieser Weg, dem ich nun folgen werde.
Inkubation. Finsternis.

☐ ■ Ich falle. Hinein.

Tiefer.

■ ■ Du sagtest mir einmal,
noch mit deinen eigenen Worten ausgedrückt,
geht es mir durch den Kopf, als ich am Morgen
erneute zweitausend Schritte gehe,
dass du nicht wüsstest, wohin
unsere Verschiedenheit uns noch führen möge.
Wir hatten EINEN Streit über Belanglosigkeiten,
in meinen Augen. Über etwas Wesentliches,
bezüglich unserer Persönlichkeiten,
in den deinen. Deine Liebe zu mir
sei ungebrochen, sagtest du weiter,
doch wäre EINE zunehmende Unstimmigkeit
in dir, hinsichtlich zukünftiger Ungebrochenheit.
Längst hätte ich mich auf EINE Art verändert,
seit geraumer Zeit, wie du sagtest,
nun immer untrüglicher werdend,
deren Richtung für dich nicht tragbar sei.
Es war ein Wegweiser, deinerseits aufgestellt,
auf jenem Weg, den ich zu jener Zeit verfolgte.
EIN Glück, im weitsichtigen Nachhinein,
dass ich ihn überhaupt bemerkte ?!

■ Der Streit bedeutungslos, irgendwann,
in EINER Ecke des Raumes hängend.
Wie EIN weißes T-Shirt vom Tag zuvor.
Stattdessen redeten wir über die Liebe.
Nicht nur unsere. Ganz allgemein.
LIEBE zeigte sich mir damals noch
als verspielte, obskure Idee.
Sie hatte mich noch nicht mit ihrer Bedeutung,
für das Leben, mit ihrer Fülle
an Bedeutung, infiziert.

188

■ Erst Wochen später,
nachdem EIN anderer Streit
in unser Leben eingeflossen war,
wesentlich für mich, bedeutungslos für dich,
erwischte mich die Liebe auf ungewohntem Fuß.
Ließ mich gedanklich straucheln, taumeln.
Niederfallen. Mir das Knie am FELS
dieses Anstoßes aufschlagend.
Blut sickerte aus der Wunde.
Das Wesen des Lebens, es zeigte sich just.
In Form der Tränen unseres Jüngsten.

■ Welchen Sinn macht es für das Leben,
wenn zwei Menschen sich in Liebe begegnen ?
Menschen, die EINander bereits
sehr ähnlich sind ?
Die, bereits auf EINER Wellenlänge,
der tosenden Brandung ihrer Begegnung,
geradewegs, entgegenschwimmen ?
Die sich EIN gemeinsames Leben,
bis zum ✝ode, schwören ?
Aus der jeweils gegenwärtigen
Gewissheit heraus, für einander
geschaffen zu sein ?
Gar erschaffen *worden* zu sein ?
Wofür braut das Wesen des Lebens für sie
EINEN Liebestrank, der beide, für EINander,
berauscht ? Schwärme von Schmetterlingen
durch ihre Eingeweide scheuchend ? Eingeweide,
welche die Weide manch ANDERER sind.
EIN Schluck zur Bestätigung ihrer Liebe,
mitsamt der Ankunft auf der sandigen Insel

gestrandeter Glückseligkeit ?
Zur zauberhaften Einstimmung
ihrer $((($Resonanzen$))))$ für EINander,
die bereits aufeinANDER eingestimmt scheinen ?
Über EINE Romanze hinaus. Oder, *pssst*,
ist der Liebestrank eine, mit robusten Henkeln
versehene, eigenwillige Laune der Natur,
um so zusammenzubringen, was, andernfalls,
anEINander, sich EINander unbewusst,
vorbeigehen würde ?
Ist es nicht im Sinne des Lebens,
wenn sich Stille im Genom von Nachwuchs
intensiviert ? Als Hintergrundmusik diverser
Instrumente, die umso intensiver
das Wesen erreicht, je *verschiedener*
die beiden Liebestranktrinker,
in ihrer jeweiligen Instrumentierung sind ?

█ Liegt das eigentliche Vermögen der Liebe
nicht eher in der Entwicklung von $((($Resonanzen$)))),$
im *weiteren* gemeinsamen Verlauf
des Zusammenseins von Verschiedenheit ?
Die beiderseitige Bereitschaft zu antworten,
auf Fragen, an denen der Zahn der Zeit
hungrig nagt ? In Begleitung
zunehmender Bewusstwerdung, immer deutlicher
werdender Unstimmigkeiten ?
Je mehr die Wirkung des, die eigentliche Absicht
verschleiernden, Tranks nachlässt, der beiden,
im Becher *mit* Henkel, dargeboten wurde ?

█ Nachwuchs, der unter dem vollen Einfluss

des Tranks Welt wird,
kann nicht ungeschehen gemacht werden.
Ohne dadurch das Trauma des PRⱻBLＥＭＳ
noch weit _{tiefer} zu treiben. Nachwuchs
fördert die Entwicklung von $\left(\left(\left(_{(}Resonanzen_{)}\right)\right)\right)$.
▉▉formation _{tief} gründig verwurzelnd.
Alle Beteiligten dahingehend ins Bild setzend,
welche weiteren musikalischen Möglichkeiten
EINER Gemeinschaft zur Verfügung stehen.
Wo die jeweils eigenen Grenzen liegen.
Und welche Notwendigkeit für das entstehende
phil•harmonische $\left(\left(\left(_{(}Resonanz_{)}\right)\right)\right)$-Gebilde besteht.
Und sei es nur Bälle zurückzuspielen oder wenige
Puzzleteile zusammenzulegen.

■ Vergeht nicht auch die schönste Blüte,
um sich in die eigentliche Frucht
gemeinsamen Vermögens zu verwandeln ?
Doch hat der Zeitgeist nicht auch hier
längst seine gierigen Finger im Spiel ?
Würzt er den Liebestrank,
nach eigens kalkulierter Rezeptur,
nicht entsprechend ? EINE gehörige Prise
Wirtschaftlichkeit, nebst Profit.
Dann EIN wenig Ego, oder auch mehr.
Noch EINE Prise Sicherheit.
Noch EINE obendrauf.
Nur, um ganz sicher zu gehen. Drei Tabletten
Fortschritt gibt es, zum Preis von EINER,
noch gratis dazu. Kein Problem.
EIN Tropfen Gesellschaftstauglichkeit,
zum Schluss, um den ansonsten herben

Geschmack, den der Jugendwahn und
die eigene Göttlichkeitsannahme
mit sich bringen, etwas abzurunden.
Lange gerührt, nicht zu langsam,
mit EINEM normalen Stab aus Hartplastik.
Hauptsache, die Beherrschung bleibt gewahrt.
Fertig ist das Nationalgetränk.
In Plastikflaschen rasch gefüllt.
Versteuert. Etikettiert. Obwohl
EIN Etikettenschwindel vorliegt.
Deshalb reichlich beworben,
für den globalen **MASSEN**-vertrieb.

▐▌║▌║▌▌║║▌║▌║▌▌║▌║║▌║▌║▌║▌║▌║║▌║▌║▌▌║║▌║▌║▌

■ Der Countdown an Schritten hat
den dreistelligen Bereich inzwischen hinter sich.
Habe mein Ziel bereits direkt im Blick.
Die Luft erfüllt von Farben,
die in keine Tube passen.
Die kein Pinsel aufzunehmen vermag.
Denen kein normales Auge begegnen kann.
Dass das Fieber kommen wird,
vernehme ich in diesem Augenblick.
Zwei-FELS-frei.
Es genügt, **EINS** und **EINS** zusammenzuzählen.

■ An einem wilden Brombeerstrauch
halte ich inne. Bin abseits
des üblichen Weges beschuhter Füße.
Nehme den Strauch, noch fern
der nächsten Blüte, zum ersten Mal,
seit ich den Sonnengruß ausübe, **WAHR**.

Trete bewusst ein paar Schritte zurück.
Vergrößere den Rahmen, jenen,
in dem der Brombeerstrauch verweilt.
Verteidigung und Abwehr,
Dornen, Stachel, Gift und Tarnung, bedeuten
in der Gemeinschaft des Lebens *nicht*
die isolierende Abgrenzung einer Verkörperung
von dieser biophonischen Gemeinschaft.
Einzig zum eigenen Wohle
dieser Verkörperung allein.
Was wir EINEN, mit Waffen
und anderem militärischen Vokabular,
zum Krieg bereit, umschreiben, bedeutet
den ANDEREN die Bewahrung
einer Notwendigkeit. Im Kreise
der Gemeinschaft selbst.

■ Je größer der Kreis, desto ausgeprägter
die tiefe Bedeutung für die HARMONIE
des GANZEN. Sei der Stachel noch so lang,
das Gift unmittelbar potent,
es deutet, ausnahmslos,
auf die Fähigkeiten von Verkörperungen hin,
innerhalb des Umfeldes Dekøhärenz
eindeutig in Kφhärenz
zu wandeln, zu transformieren.
Unter Freisetzung sowie Weitergabe
von Энergien. Ansonsten ? |Stase| !
Weitere Probleme nach sich ziehend.
So führen Kriege zu Gräbern.
Gräber zu Schuld und Schulden.
Und freigesetzte Энergien zu Wiegen.

Das ist der Unterschied
zwischen betäubendem Kriegsgetrommel
und einem akzentuierten Paukenschlag.

■ Die Bandbreite der Abwehrmöglichkeiten
ANDERER, so wie dieser Brombeerstrauch,
deutet darauf hin, dass die Verkörperungen,
die sie dergestalt dem Umfeld mitteilen,
etwas für die Gemeinschaft zu leisten vermögen,
was keine ANDERE Verkörperung
im Umfeld ermöglichen kann.
Das Umfeld benötigt die Fähigkeiten
der Brombeeren, sonst gäbe es, hier,
nicht diesen wilden Strauch
mit seinen krallenden Dornen.

■ *Doch wofür ?* Spüren können das nur jene,
die gemeinsam mit dem Strauch,
aufgewachsen sind. Sich einANDER kennenlernten.
Ohne sich dabei in EINEM Öko[s]y[s]t[e]m zu wähnen.
ℒℐℰℬℰ𝒩 lernten ? Respekt, im Wechselspiel
von Konkurrenz und Kooperation ?
Ein Gespür für ein Vermögen entwickelnd ?
Spürend, wann genug genug ist ?
Das ist das einzig **WAHRE** Zeugnis von
Intelligenz !

■ Warum geben wir uns nicht der Kommunion
des Lebens hin, statt Immunitäten zu errichten ?
Und den Besitz unseres Kostüms,
bis aufs schwarze Blut, zu verteidigen ?
Gegen alle möglichen Feindseligkeiten ?

Weil wir längst verliebt in all die ANDEREN sind,
es aber noch nicht **WAHR**-haben wollen ?
Es immer schon waren ?
Weil wir noch nicht wirklich ver-*LIEBT* sind ?
Uns noch nicht *erneut* in sie ver-*LIEBT* haben ?
Im Rahmen von HARMONIE,
in dem sogar die Harmonie zu finden ist,
in EINEM für alle ANDEREN verträglichen Maß ?
Was nichts anderes, als
Reinventing the Sacred[1] bedeutet !
Poesie, die alle bisherigen
poetischen Werke in sich vereint !
Poesie, die alle Heiligen Schriften
als Scheinheiligkeiten entlarvt !
Homo Deus[7] – willkommen in der Wirklichkeit.

■ Können wir EINEN deshalb *den* Weg,
auf unzähligen Pfaden, einschlagen,
der all den ANDEREN verwehrt bleiben muss ?
Auch wenn sie uns, auf diesem Wege,
überall hin zu begleiten vermögen.
Nicht sichtbar für EIN bloßes Auge.
Zwar gehen die ANDEREN mit uns,
doch gehen wir EINEN weiter.
So wie man dem Bösen nachsagt,
es stünden diesem alle Wege des Guten offen …
und doch geht das Böse Wege,
die das Gute nie gehen würde.
Nehmen wir EINEN die ANDEREN deshalb
oft als Vorbild für unseren
technologischen Fortschritt ?
Und vereinfachen ihr verwobenes Vermögen

als fadenscheinige Errungenschaft,
für die gesellschaftliche Allgemeinheit ?

■ Energieräubereien, das probate Mittel,
um weiter zu gehen ? Mittels Hai-Tech ?
Und noch EINEN Schritt weiter ?
Findet so der EINE, was ANDERE nicht haben
und umgekehrt ? Liebe, als $\mathcal{LIEBE}$ getarnt,
damit das Wesen der $\mathcal{LIEBE}$ sich nicht
zu schnell herumsprechen kann ?
Damit die Problematik des PROBLEMS
ihren ^{Höhe}punkt erreichen und der Lösungsweg
auch wirklich nachhaltig gelingen kann ?
Ein Gemeinschaftswerk von schier
kosmischem Ausmaß ?
Unvorstellbare 13,8 Milliarden Licht-Jahre alt.
Welch gigantischer Raum an, noch,
ungenutzten Möglichkeiten ?!
Und Energien ?! Und Überflüssigem ?!

■ Die Sonne, sie ruft, ohne herumzutönen.
Ohne Schlachtruf und Kriegsgeheul.
Die ANDEREN verkünden es unmissverständlich.
Löse mich vom Anblick des Brombeerstrauches.
Von seiner nahtlosen Eingebundenheit
in die Umgebung. Ohne Eile begleite ich
das unternehmungslustige Kind weiter.
Meine Schritte, so gelöst wie seine.

■ Der vergängliche Tag sieht mich später
am großen Fenster des Wohnzimmers stehen.
Stehe draußen auf der Terrasse, überdacht.

Schreibe, mit EINEM Folienschreiber,
einfache *Poesie* auf das Fensterglas. Einfach,
zumindest zwischen den Zeilen.
Doch der Tag wird kommen,
wo auch den Zeilen selbst
gelingen wird, was *Poesie*
wirklich zu bewegen vermag,
nämlich Wesentliches mitEINANDER
zu verschränken, um sich
auf das Wesentliche zu beschränken.

■ Das Licht des frühen Morgens,
nun Vergangenheit, breitet sich noch immer
in meinen Zellen aus. Informationsfluss,
der sich von EINER Last befreit.
Das Fieber, es steigt. Ich schreibe weiter.
Beschreibe die Scheibenwelt. In einem fort.

■ Schreibe seit Stunden. Schreibe noch weiter.
EIN paar Zeilen später geschieht es.
Wie die Schwärze, mit offenen Händen,
nach mir greift, nehme ich noch am Rande wahr.
Der Stift poltert zu Boden. Der Wind
und sämtlicher Wellengang finden
in meinen Ohren zueinander. Brausen auf.
Ebenso das parasitäre Rauschen
des realen Bildervokabulars.
Die offene Terrassentür, die
ins Wohnzimmer führt, erreiche ich noch.
Dann wird die Randerscheinung allgegenwärtig.
Kreist mich ein. Hat sich der sechste
zu fünf Reitern nun dazugesellt ?

Ich falle. Nicht zum ersten Mal.
Niemand schaut durch die Scheibe hinein.
Niemand schaut durch sie hinaus.

■ Auf dem Sofa liegend erwache ich.
Meine Familie ist bei mir.
1 + 1 + 1 + 1 = WIR.
Dem Ausdruck in ihren Gesichtern nach
haben sie mich lange Zeit nicht
aus den Augen gelassen. Der Erleichterung nach,
die sie nun gemeinsam erklingen lassen,
muss es gar noch länger gewesen sein.
Das Wohnzimmer, offenbar ein Raum
voller $\big(\big(\big(_{(\text{Resonanz})}\big)\big)\big)$. Keine Echokammer.
Trotz dessen ECKEN und KANTEN.

■ Gegen Abend tritt das Fieber forsch hervor.
Zeigt sich ungeschminkt,
ohne etwas im Schilde zu führen.
Liege im Schlafzimmer, Vorhänge offen.
Irgendwann schlafe ich ein.

■ ☐ In meinen vibrierenden Knochen
eine Melodie, die mich begleitet.

☐ ☐ Die Augen aufreißend schnappe ich
nach Luft. Als gelte es, nach einer Idee
zu schnappen. Der IDEE vom Leben ?
Der Idee vom Wasserstoff ?
Oder nach einem Vogel,
der fortzufliegen imstande ist ?
EINE mir fremde Stimme spricht.
Ich bin es selbst.
Moduliert von der Gemeinschaft
allen Lebens. Eine Dankesrede
für den räuberischen Fortschritt ?
Eine Lobesrede für EINEN Sieger ?
Wohl eher nicht.

☐ *Zum Wohle des Einzelnen.*
Auf Kosten Aller.
Auch der Einzelnen irgendwann.
Auf Umwegen.
Der Rattenschwanz der Problematik,
nur von der Spitze her betrachtet.
Mit Hilfe der Technologien
die Spitze des Schwanzes,
immer besser, abgetren nt.
So, dass die Ratte, das eigentliche PROBLEM,
immer zahmer auf den Verlust der Spitze,
das jeweils aktuellste Problem
der gesamten Problematik, reagiert.
Diejenigen, die das aktuelle Problem
zu lösen gedenken, lässt es annehmen,
das eigentliche PROBLEM *sei längst gelöst.*
Was umso weniger der Fall ist,
je weiter der Fortschritt,

noch weiter, fortschreitet.
Es zeigt sich das eigentliche PRØBLℰM,
im Laufe der Zeit, mit dem Fortschritt einhergehend,
in anderer Form, an anderer Stelle.
Lässt EINE *weitere Ratte vermuten.*
Anhand des Auftauchens EINES *Schwanzes,*
mit noch intakter Spitze.
Beschleunigungseskalation, die sich abzeichnet ?
Wie Leibesfülle unter festem Stoff,
bevor der Stoff zerreißt –
und Nacktheit zur Norm wird ?

☐ Ich atme weiter. Lasse unbedingt geschehen,
was notwendig ist. Ohne
einen Tropfen Sonnenlicht. Apokalypse.
Die Entmantelung des Kerns.
Die radikalste aller Begegnungen.
Inkubation. *Nun.*

☐ Trage dich wieder in meinen Armen.
Keine Anzeichen EINES Rattenbisses
in deinem mir vertrauten Gesicht.
Zurück bleibt dein weißer Mantel.
Du warst eingehüllt ?
Wie konnte ich etwas derart
Wesentliches übersehen ?
Oder vermochte ich es einfach nicht
WAHR-zunehmen ?

☐ Ein wenig ist die Kühle
aus deinem weißen Körper gewichen.
Ein weißer Flaum bedeckt deinen Schädel.

Winterlicher Rasen im Garten
hinter dem Haus, in den Wolken
ein nicht zu brechendes Versprechen.
Gemeinsam durchqueren wir den Finsterwald.
Die silberne Brü‿cke unser Etappenziel.
Der Himmel ist A N D E R S.
Eine Spur von … Blau ?!
Der Finsterwald ist A N D E R S.
Sehe es erst jetzt.
Bis jetzt sah ich nur dich. Es regnet.
Ich spüre es. Wohin ein Tropfen fällt,
verwandelt sich das Schwarz in eine Farbe.
Das Ende EINER Amnesie ?
Eine von vielen Möglichkeiten.

☐ Wo Tropfen inEINANDERfließen,
bilden sich Farbverläufe, Schattierungen.
Bildet sich Greifbarkeit durch $_{Tiefe}$.
Ein Bildnis von Wagnis.
Die Metamorphose einer Metapher.
Ich trage dich weiter.
Verweile nicht. Nein, EINE Last
bist du mit keinem meiner Schritte.
Das warst du nie. Nirgendwo.

☐ Über die Brü‿cke bringe ich dich.
Wir beide. Zwischen zwei Welten,
die **EINS** sind. Es immer gewesen sind.
Dein schneeweißes Haar ist länger geworden.
Es regnet und regnet, unentwegt.
Wir, beides wässrige Gestalten.
Fließen dahin, wie EIN Vergehen,

dem Lichterwald entgegen.
Eine Verwandlung, auch dort
in vollem Gange. Nicht aufzuhalten.
Nicht hinauszuzögern.
Weiß wird zur Farbe. Der Fluss, unter uns,
nimmt auf, was der Regen
fortzuwaschen scheint.
Den silbrigen Glanz des Flusses ver$_{\text{tief}}$ end.
Deine Augen blinzeln. Ich sehe es
zum ersten Mal, seit ich dich dort,
bei all den ANDEREN, fand.
Dort wusste ich mich geborgen,
im Ungeborgenen.
Ein kleines Stück noch. Gleich.
Die Brü⌒cke, sie schwankt.
EIN ANDERES Bildnis,
es nimmt Gestalt an.

☐ Der regenbogenartige Duft aller Blüten
dieser Welt. Vereint, in einer einzigen Blume.
Das ist der Schmerz, den ich spüre,
als ich diese Blume, die mein Tumor ist,
mit allen Sinnen WAHR-nehme.
Einer sinnlichen Supernova gleich.
Energien befreiend.
Mich alle Möglichkeiten durchleben lassend,
die sie gefangen nahmen. Regeneration.
Die WAHRHEIT hinter allen schwarzen Löchern.
Hinter der MASSE EINES ölverschmierten
Maschinengetriebes. Die Geschichte
vom größten Raub der GESCHICHTE des Lebens.
Die Geschichte der Menschheit

und ihrer verrückten Andersartigkeit.
EIN Kapitel ... bis zum heutigen Tag.
Gefangenschaft, unter dem Einfluss
des ☦odessterns, der die Erde bluten lässt.
Schwarzes, klebriges Blut. Aus dem Kern heraus.
Welches durch die Adern des Zeitgeistes rinnt.
Und immer öfter ins Stocken gerät.
Weil die Erdung fehlt. Machtspiel. Embolien.
EINE klaffende Wunde, die nicht verheilt.
Zwischen Gastfreundschaft und Feindseligkeit.
Zähes Blut geronnen. Verklumpt.
Ein Apfel fällt nicht weit vom Stamm,
solange der Stamm nicht aus Plastik ist.
Und Fake-Trees keine Wälder bilden.

☐ *And then, one day, an APPLE falls.*
Reinventing time ?
Coming straight back from hell ?

☐ Ein Bissen genügt.
Und ein paar Schlucke Wasser.
Nicht jeder Apfel trägt Kerne in sich,
die dem **WAHREN** Fortschritt entspringen.
Und Quanten überall auf die Sprünge helfen.

☐ Wir erreichen den immer farbiger werdenden
Lichterwald. Werden empfangen
von weiß-bunten und bunt-weißen ANDEREN.
Bewegen uns über einen Boden,
auf dem all das Monochrome schmilzt
wie Schnee. Der Winter neigt sich dem Ende zu.
Frühling vollzieht sich unaufhaltsam.

Raumerfüllend. [S]y[s]t[e]mkollaps.
In der Ferne leiser Donner.
Weiter fällt der Regen.
Der Himmel, der bisher
von einer unbekannten Liebe,
in verschwommenen Zeilen, erzählte,
nähert sich gleichsam dem nahen Ende
seiner Niederschrift. Eine Winterliebe.
Blau breitet sich zwischen nicht
vorhandenen Zeilen aus.
Tren nt Worte von der **MASSE**.
Bildet einzelne Wolken.
Winter-Blues goodbye ?

☐ Wir beide kehren dorthin zurück,
wo ich dich in meine Arme aufnahm.
Dorthin, wo nun ein schwarzer Baum,
der einmal ein roter Apfel war,
aus dem Boden erwächst.
Ihm schwarze Blätter zu eigen.
Behutsam unter seine Krone lege ich dich.
Deine Haare bereits den Boden berührend,
noch ehe meine Arme ihn berühren.
Die einzige weiße Verkörperung,
immun gegen den Regen, bist du.
Du blinzelst erneut. Gibst einen Laut von dir.
Leiser, als irgendeine der hier
anwesenden Farben. Flüchtlinge,
ANDERSWO aufgenommen ?
Bereit, Ideologien über Bord zu werfen ?
Oder auch ANDERSWO weitermachen,
wie bisher gewohnt ?

204

Wie lange ? *Wofür ?*
ALLES dreht sich um den Kern.
Im Null-Punkt ist **ALLES EINS**.

☐ Der Schmerz verebbt.
Die Knospe bricht auf.
Feiert das Licht. Befreit.
Der Chor erklingt. Fanfarengleich.
Fantastisch.
Weltweite Aufführung der Phil•harmonie.
Ein Meisterwerk.
Befreit die Klagen aller Kathedralen
und den alten Mauern Anvertrautes.
Warme Tränen beginnen zu fließen.
Etwas kracht von meinen Schultern.
Lässt mich ausatmen, gänzlich befreit
vom schweren Kettenhemd.
Das erste Mal seit Jahrtausenden.
Das erste Mal seit den finsteren Zeitaltern.
Als Pferde, die gezügelt wurden,
noch weit verbreitet waren.

☐ Du öffnest die Augen.
Am Baum, eingebettet
zwischen schwarzen Blättern,
erste Blüten. Gelb. Orange.
Und rot.

◆ Vollbracht.

◆ ◆ Erwachen. Völlig in Schweiß gebadet.
Lavendelduft. Schmerzgeruch.
Liege allein im Bett. Allein im Zimmer.
Höre Kinder im Garten spielen.
EINE Vase auf dem Tisch.
Aishiteruyo.
Eingraviert in Porzellan.
Darin ein Kirschbaumzweig.
Noch alles Knospen.
Bis auf eine, die schon Blüte ist.
Ich setze mich auf. Entdecke es erst jetzt:
EINES meiner roten T-Shirts,
am Fußende liegend.
Bereits der zehnte von zehn Tagen ?
Kürzlich dorthin gelegt ?
Vielleicht erst vor wenigen Sekunden ?
Die Anwesenheit meiner Frau
liegt noch deutlich in der Luft.
Zarte Ringe auf einem glatten See.
Sich ausbreitend. Von **INTERFEREN**Z
keine Spur. Lächelnd stehe ich auf.
Nummer 10 nehme ich mit.
Gehe ins Bad. Eine Art von Heimkehr.
Ohne wirklich fort gewesen zu sein.
EIN komischer Gedanke kosmischen Ausmaßes.
Wie so Vieles, in diesem verrückten Kosmos.
Wie er verrückter, momentan, nicht sein kann.
An der Schwelle zur Eindeutigkeit.

◆ Später stehe ich der Scheibe gegenüber.
Überfliege meine Zeilen, die ich vor Tagen
dort niederschrieb. Konnte mich nicht mehr

an die letzten Zeilen erinnern. Jene,
bevor die Schwärze mich übermannte.
Lese diese Zeilen nun. Wort für Wort.
Lese sie ein erneutes Mal. Leere für Leere.
In die Vertikale horizontal transferiert.
Gläserne Verkörperung eines Wesens
der Scheibenwelt. Betrachte die letzten Zeilen
zum wiederholten Male. Male mir ein Mahl
mit vielen verschiedenen Gästen aus.
EIN Pfad, der zu einem Weg wird.
Eine Möglichkeit, auf dem Weg
zur Tatsächlichkeit.
Eine schemenhafte Erscheinung,
die der Nebel freigibt. Zwischenräume,
die zwischen den Worten aufräumen.
Wabi-Sabi. Davon erzählen die letzten Zeilen,
daraus der rote Faden gesponnen.
Mit einfachen Mitteln,
das Wesen des Lebens vermittelt.

◈ Das Erstaunen auf meinem Gesicht
macht reichlich Platz für EIN befreites Lachen.
Agoraphobie endlich geheilt.
Arachnophobie gleichwohl.
Ich rufe den Namen meiner Frau,
den der beiden Jungs. Rufe laut *Aishiteruyo*.
Freie Energie. Lange von ihr getren nt.
Endlich wieder verbunden. Aurora.
Von irgendwoher antwortet 1 Vogel.
Und fliegt davon.

◈ Meine drei Gefährten kommen aus dem Haus.

Schließen den Kreis. Energie befreit.
Lebensenergie. **WAHRE** Kernenergie,
die nie zur Altlast werden kann.
Kein PROBLEM-Abfall, tief vergraben,
für die kommende Generationen.
Ein Vermögen vielmehr, dem sich
bedingungslos anvertraut werden kann.

◆ Endlich. Du öffnest deine blauen Augen,
langsam, in dieser ANDEREN Welt.
Hast den Himmel in dir aufgenommen.
Bist sein Spiegelbild. Doch in Wirklichkeit
bist du so Vieles mehr.
Es ist das helle Licht, all die Farben,
die dich erneut nun blinzeln lassen.
Dieses Blau. Es schaut mich an. Spricht zu mir.
Haben wir es geschafft ? fragst du mich.
Noch nicht, antworte ich. *Noch nicht.*
Überall um uns herum tanzen Farben
ausgelassen in ihrem Farbenmeer.
Überall kommt hervor, was im Weiß
bereits offensichtlich war. Überall verschwimmt,
was immerzu im Fluss zugegen *ist*.
Du erhebst dich behutsam.
Ich reiche dir meine Hand.
Scheinbar greifst du in die Leere.
Und doch ergreifst du mich. Dein Haar,
noch immer weiß, ist wieder lang.
Wir lassen EINANDER nicht los.
Setzen uns langsam in Bewegung.
Laufen schließlich. Der Brücke entgegen.
Gespannt über den schmalen Grat.

Du, die Inversion aller Schatten.

Deine Blauäugigkeit der Weisheit so nah.

Wir erreichen die Brü⌒cke.

Die Überbrü⌒ckung dessen,

was jederzeit vereinbar ist.

Bewegen uns vor bis zu ihrer Mitte.

Ein Halbton.

Aufgespannt im **G A N Z E N**.

Wir lassen uns nieder.

Noch ein Halbton.

Lassen unsere Beine baumeln.

Winken, mit unseren Füßen,

dem Fluss unter uns zu.

Ich sehe nur deine. Füße und Beine.

Ich $\mathcal{LIEBE}$ *deinen Tumor*, sagst du.

Schaust mich an.

Ich $\mathcal{LIEBE}$ *dich*, erwidere ich.

Nicht EINE Lüge schwingt darin mit.

Dann springen wir. Lachen dabei. Voller Glück.

Hinein in den Fluss, der an dieser Stelle

Wasserfall ist. Wir tauchen nicht mehr auf.

Ohne uns je wieder loszulassen.

Die Halbtöne vereint. Einklang.

Der **WAHRE** Triton. Der Gesang des Lebens.

Der Fall ist nicht $_{tief}$. Denn einmal

mit Wasser, in Form von Wasser,

vereint, spielt $_{Tiefe}$ keine Rolle mehr.

Solange man Wasser *ist*.

Und so dem Leben treu bleiben kann.

 *Aishiteruyo*.

◈ ◈ Trage erneut das erste T-Shirt.
Ein weiterer Zyklus von Offensichtlichkeit
sowie neue Kontexte von Notwendigkeiten.
Stehe erneut, wie am Tag zuvor,
auf der Terrasse, das Fenster betrachtend.
Wie dorthin gezogen.
Dem Sog gefolgt. EINE Rechnung noch offen ?
EIN Tunnel, dessen Ende absehbar ist ?
EIN Zaubertrank, der Kessel heiß,
dem die letzte Zutat noch fehlt ?
Ein Mistelzweig vielleicht ?
Ein Tropfen Morgentau ? *Abrakadabra ?*
Wo ist das Buch über Alchemie ?
Nein, was noch fehlt, steht *dort*.
Auf der Scheibe.
Die letzten Zeilen. Lese ein weiteres Mal,
was ich vor Tagen dort niederschrieb.
Wie, um es zu verinnerlichen.
Oder um es, endlich,
vergessen zu können:

Einander Ähnliches findet zueinander,
solange noch das EINE oder ANDERE
im Wege ist. Es ist das Wesen des Wassers.
Somit das Wesen des Lebens an sich.
Daher auch der wesentliche Unterschied
EINANDER verschiedener Welten.
Die getren nt voneinander, im Sonnenlicht,
erscheinen. Es aber nicht wirklich sind.
Der Schrei nach Sicherheit,
er ist das Ausmaß der Entfremdung.

210

Je weniger Bindungen,
desto vordergründiger das Verlangen
nach eben solcher. Dualität, die sich
absichtlich selbst im Wege steht.
Um Heilung erfahren zu können.
Als Schmerz. Das Hindernis
ist das Symptom. Nicht hinderlich.
Die Behinderung, die Möglichkeit
zum Brückenbau. Heilung bedeutet,
über die Brücke zu gehen.
Den ANDEREN zu begegnen.
Der Brücke zu vertrauen.
Wenn Ähnliches einander
immer gleicher wird und Gleiches
für das Unähnliche gilt, stehen sich
letztendlich Gleich und Gleich
direkt gegenüber – und erkennen
EINANDER als EINS. Kφhärenz.
Schwärme aus Individuen.
Die alle die *gleiche* LIEBE zum Leben
verkörpern – ohne gleich zu sein.

 *Schau.*
Dann geh.
Breite die Flügel aus.
Tauche ein.

◈ ◈ Fünfzehn Monate mögen nun
überflüssig geworden sein,
seit *jenem* außergewöhnlichen Tag.
Als dein Schweigen, von jetzt auf gleich,
in unser vierköpfiges Leben trat.
Ein Übergang als Quantensprung.
Ein Vermögen von Stille.
In Begleitung EINES roten T-Shirts.
Beschrieben mit Janusworten.
Vier an der Zahl;

Ich **LIEBE** *meinen Tumor.*

◈ Und nun ? EIN ANDERES Leben ?
Im bereits bestehenden ?
Nun ändert sich plötzlich **ALLES**.
Ein Blitz, aus heiterem, blauem Himmel.
Ähnliches hat sich gefunden.
All der problematisierten Fragmente
des PRⓈBLE⋏⅁ wegen. **ALLES** wird,
von nun an, A N D E R S werden.
Die Sonne ist es und ihre Zyklen.
Sie ist die Ⓔ𝕏formation des Lebens.
Je w e i t e r wir uns von ihr entfernen,
desto mehr Lebendigkeit geht verloren.

◈ Du kommst mit EINEM T-Shirt auf mich zu.
Übergibst es mir mit jenem Lächeln,
in welches ich, unzählige Male,
eingetaucht war. Mich habe treiben lassen.
Ohne jemals zu befürchten, unterzugehen.
Oder die Orientierung zu verlieren.

Das T-Shirt, orange auf der Vorderseite,
der Rücken hingegen ist gelb.
Vorne steht ein einziges Wort in Rot.
Aishiteruyo.
Auf der Rückseite ein einfaches Symbol.
Φ

 Φ

Das ANDERE, inmitten dualer Ähnlichkeiten.
Inmitten gegenläufiger Polaritäten.
Der Goldene ∼ Schnitt. Die Grammatik,
mit der die Sprache des Lebens
zueinander spricht ?
Die uns Menschen möglichste Annäherung
an das proportionale Verständnis
von HARMONIE ?
Das Symbol für die 𝓛𝓘𝓔𝓑𝓔.
Das eigentliche Wesen
von ☐ Yin und ■ Yang.
Diese 𝓛𝓘𝓔𝓑𝓔, für die das Herz
des Lebens wirklich schlägt. Möglichst fern
vom lebendigen Puls des Equilibriums.
Die 𝓛𝓘𝓔𝓑𝓔, die nicht gepredigt werden kann,
egal, wie ᵸᵒᶜʰ der Berg, von dessen Spitze
die Stimme des Predigers bis ins Tal erschallt.
Weil gepredigte Worte
nur leere Worte sind.
Weil **WAHRE** Leere
nicht thematisiert werden kann.

◆ Ob ich deine Stimme nun
wieder hören werde ? Ich sehe dich an.

Gelöst von jeglicher Erwartung.
Ich schaue nur. Du schaust zu mir.
Dein Lächeln.
Ich schwimme einmal mehr.
Und noch eine weitere Runde
im Rund deines Sees.
Du bleibst wortlos.
Ich vertraue dir.
Kein FELS weit und breit.
Weder auf dem Grund
noch im Fallen inbegriffen.
Einzig Nektar. Kein zäher Sirup.
Süß wie der Duft
lichtgewärmter Linden.

◈ Noch am selben Tag suchen **WIR**
erneut meine Ärztin auf.
Die Untersuchungen, sie bestätigen es.
Das ANDERS-artige, im Kreis angekommen.
Nicht länger notwendig als Entartung.
Kein Wegweiser mehr,
auf den Pfaden des Fortschritts,
durch das **labyrinth** aus Nebelbänken.
Nicht mehr verharrend am Seitenrand.
Alle mir zuteilgewordenen Möglichkeiten
ausgeschöpft. Auf verschiedenste Weisen
und Arten. Für den Tumor kein Terrain mehr,
um weiter, als Karte, zu verweilen.
Glück gehabt ? Durch die Hölle gegangen ?
Oder einfach nur hingeschaut und zugehört,
mich selbst der Wandlung anvertraut ?
Chrysalis ! Beraubte Fragmente anverwandelt.

◆ ›*Beschränke alles auf das Wesentliche,*
aber entferne nicht die ***Poesie***‹.[2]
Meine Ärztin sieht von Einem zum Anderen.
Ihr Büro wirkt EIN wenig ANDERS.
Kein Echo mehr. Vielleicht liegt es
einfach am Licht. Jenes,
welches nicht von der Decke herabstrahlt,
sondern durch die Scheibe hereinschaut.
Oder daran, dass hier, endlich,
eine eigene Stimme spricht.
Sie blickt auf das T-Shirt. Schaut zu dir.
Die ANDEREN.
Wir EINEN.
Gemeinsam in mir ?
Verkörpert durch mich ?
Ich, die Metapher EINER Spezies ?
Ich, EINE Geschichte mit Milliarden Gesichtern ?
EIN Geheimnis, nun gelüftet ?
Das Fenster, weit geöffnet.

◆ *Das ist ja fantastisch.* Deine ersten Worte.
Nach Monaten des Stillschweigens.
Du, eine Metapher,
wie ich EINE bin,
nur ANDERS ?
Und deine vier klangvollen Worte ? Wellen,
auf einem roten Faden aufgereiht ? Vier Worte,
die vermögen, was mittels Tausenden und
Abertausenden von Worten unmöglich ist ?
Klänge, die Vergessenheit beflügeln ?

◆ Die Kinder vernehmen deinen Klang.
Freudenschrei. Freudenschrei.
Beides Originale. **EINS** und **EINS**.
Nicht einer die Kopie EINES Spiegelbildes.
So fallen beide dir in die Arme.
Von beiden Seiten.
Du in ihrer Mitte.
Diese Freude, den Klang
deiner Stimme wahrzunehmen.
Diese Freude wiegt weit mehr als der Tumor,
der ausgeheilt wurde. Beinhaltet dieser Klang
doch alle Freudentränen, die das Verschwinden
selbst begleiten. Gemeinsam eingestimmt.
Scherben beseitigt. Ohne sie heimlich
entsorgt zu haben. Die Schatzkiste der Pandora.
Geöffnet für Alle. Die Quelle.
Apokalypse. Fürwahr.
Die Enthüllung EINER Lebensgeschichte.
Jede Verkörperung ein Kerngehäuse.
Ein Haus für das Leben. Villa Kunterbunt.
Herzlich willkommen. Alle Fenster nun geöffnet.
Lasst auch die Türen offen. Es ist dies
ein gastfreundliches Haus.
Ohne Feindseligkeiten.
Ohne EINE räuberische Gesinnung von Energie.
Ohne bösartige Absicht
und deren Verschleierung.
Ohne Hinterhalt und Vorbehalt.
Einzig direkt und eindeutig.
Und daher wunderbar. Ohne faulen Zauber
und Vortäuschung *falscher* Tatsachen.
Ohne Plan für die Zukunft.

Ohne vergangene Traumatisierungen.
Das Leben kann *so* einfach sein.
Das Leben kann so *einfach* sein.
ALLES eine Frage der Betonung von Stille.

◆ *Du riechst so gut*, sagt der Jüngste zu dir.
Wie Frühling. Wie das Meer.
Das Unmögliche ermöglicht.
Das Mögliche nun unnötig.
Der Widerspruch aufgelöst.
Wie EIN Knoten im roten Faden.
Dessen Länge die Länge
der Menschheitsgeschichte ist.
Gepflastert mit Leid. Der Wunden wegen.

◆ Die Zeit ist reif.
Überflüssig zugleich.

◆◆ Wie ein feiner Klang, sich HARMONISCH wandelnder Akkorde, zieht es den Jüngsten, nach Jahren, in EINE ANDERE Welt hinaus.
Dorthin, wo die einzig **WAHRE** Musik des Lebens spielt.
Dorthin, wo eigene Stimmen erklingen.
Keineswegs geradlinig, aber gerade deswegen dem schmalen Grat, zwischen den Welten, immerzu treu bleibend.
Der Jüngste, aus EINEM einzigen Grund, nun unterwegs. Um ein Gespür dafür zu entwickeln, was die Essenz dessen ist, das nur uns Menschen möglich ist.

Stets in *LIEBE* zum **GANZEN**.
Mit diesem Sog unbewusst aufgewachsen von Kindheit an.

◆ *Seid unbesorgt* – seine jungen Worte, sich aufmachend. Dem Kind schon länger entwachsen. Das Terrain ihm längst vertraut. Ein Samen, auf einem nicht vorgezeichneten Weg.
Unterwegs, zur Auflösung der Rationalisierung durch dunkle Gestalten. Die sich einzig um die Umgehung von Eindeutigkeit scherten, so den Kosmos mit Schwärze füllten.
Bis zum Zenit, der JETZT hinter uns liegt.
Der nicht länger notwendig ist, weil die Wende in der Not geschehen ist.
Und Schwärze, Vertrauen schöpfend, ihr Geheimnis preiszugeben bereit ist.
Doch was rede ich, fügt er

seinen Worten noch hinzu.
Dann zieht er los. Beflügelt,
um EINE Gigama$chin€ri€ zu
ꓱ∃꓿ꓳꓦꓩ∃ꓤꓦ.

Mit einem Erfindungsreichtum,
der Flächenbrände und Brandherde,
gleichsam problemlos,
zu löschen vermag.

◈ Vielleicht, so sage ich mir ab und an,
hätte es sich anders zugetragen,
wären wir damals nicht zusammen
zum *Kindertotenwald*[5] gefahren.
Als Folge auf seine Frage,
ob ich traurig sein würde,
wenn er, als Kind, gestorben wäre.
Zum Beispiel an Krebs,
wie er einmal in mir innewohnte.

◈ *Kindertotenwald*[5]. Eine Metapher,
so kernreich wie das Leben.
Wie der Krebs. Wie die Liebe. Und die Schwärze.
Ein Friedhof für Kinder,
dreißig Autominuten entfernt von unserem Haus
und Garten. Nur von mir so benannt.
In Anlehnung an die *poetischen* Werke
von Franz Wright. Gestorben, kurz bevor
wir beide dorthin gefahren waren. Gestorben,
an EINEM langen Krebsleiden, welches ihm,
letztendlich, die Luft zum Atmen nahm.
Das Leiden, oft thematisiertes Schattenwesen
seiner auf Wesentliches beschränkten Werke.

◈ EIN jedes Grab im *Kindertotenwald*[5],
von der Familie und Freunden,
mit Schaufeln _{tief} ausgehoben.
Von eigenen Händen und, statt Grabstein,
ein Baum darauf gepflanzt.
Mit Wasser aus der Tiefe begossen.
Von da an der Gemeinschaft
des Lebens übergeben.
Ein Geschenk, als Geschenk weitergegeben.
Somit niemals allein. Ohne weitere Eingriffe
und Manipulation. Dem Wesen des Lebens,
im Vertrauen, anvertraut. Keine Worte,
in Marmor geritzt. Kein Ort des Vergehens.
Der Entstehung vielmehr. Stille Helden,
die mit eigener Stimme, hier,
in die Phil•harmonie einstimmen.
Das Rauschen im Blättermeer.
Die ANDEREN schauen sehr oft vorbei.
Sind vor Ort allgegenwärtig.
Immer in Verbindung.
Im Einklang mit knapp acht
terrestrischen Herzen.

◈ *Woran sind die Kinder hier gestorben ?* fragte er.
Oftmals an dem,
was wir als Krankheiten bezeichnen,
antwortete ich. *Oder durch Unfälle.*
Von Gräueltaten, und dergleichen,
sagte ich nichts.
Ob sie Schmerzen hatten ? Seine Augen,
mit den Farben seiner Mutter,

schauten mich groß an.

Erwachsene glauben oft, dass Kinder,
im Gegensatz zu ihnen, EIN ganz simples
Leben haben. Doch da irren wir Erwachsenen.
Kein Mensch muss mehr Schmerzen ertragen
als EIN Kind. Schmerzen, so schwer
wie EINE reichlich gezackte Krone.
Von der MASSE der Erwachsenen
allerdings nicht zu sehen.
Weil diese die Last nicht sehen wollen.
Weil die Krone EIN fragiles Erbstück
vieler Generationen von Erwachsenen ist.
Wie EIN Hemd oder EIN T-Shirt,
das Jahrhunderte auf seinem Buckel hat,
ging es mir durch den Kopf.
Wodurch das Einfache durch etwas
sehr Kompliziertes ersetzt wird, fügte ich hinzu.
So kompliziert, dass es den Erwachsenen
Angst macht, sich damit zu befassen.
Erwachsene, eingewickelt in die Gesellschaft,
machen es sich daher einfach.
Sie vereinfachen die Dinge,
vor denen sie sich fürchten
und glauben tatsächlich den Grund des Schmerzes,
für immer, dadurch beseitigt zu haben.
Erwachsene aber haben keinerlei Gespür dafür,
was ein einfaches Leben wirklich ist.

◈ *Ob all die Kinder, hier begraben,*
Schmerzen hatten ? griff ich seine Frage auf.
Schau dir diese Bäume an, sie erzählen dir
die gesamte Geschichte. Von Anbeginn an.

Mit diesen Worten reichte ich ihm
einen der reifen Äpfel, die ich
von einem der Bäume gepflückt hatte.
Er nahm ihn, ohne zu zögern, aus meiner Hand.
Verharrte jedoch in seiner Bewegung.
EINER Emotion begegnend. EINEM Wolf?
Dürfen wir das denn? fragte er.
Als sei er bereits ertappt worden.
Keine Sorge, beruhigte ich ihn.
Es ist sogar erwünscht. Nicht umsonst
sind viele der Bäume hier im Wald Obstbäume.
Er betrachtete den Apfel mit EINEM
ANDEREN Interesse.
Unter jedem dieser Bäume
liegt das Grab eines Kindes?
Ja, sagte ich, *unter jedem dieser Bäume.*
Er biss in den Apfel. Kaute langsam.
Schloss ab und an seine Augen.
Nahm einen weiteren Bissen.
Geschmack ANDERS kennenlernend.
Der Wandel von Energie.
Für eine weitere Weile sprachen wir
kein weiteres Wort. Es war nicht notwendig.
Obwohl die Möglichkeit gegeben war.

◆ Später, am Ausgang des *Kindertotenwaldes*[5],
gingen wir an einem Holzschild vorbei.
›LebensGarten‹ stand, offiziell, darauf.
Mein Sohn las das Wort leise vor.
Als hätte er barfuß
ungewohntes Terrain betreten.
Er blieb schließlich stehen. Schaute den Weg,

sich durch den Wald windend, zurück.
Eine unbewusste Kaubewegung,
nebst leichtem Wellengang auf seiner Stirn,
beschäftigte einen Augenblick sein sehr
nachdenkliches Gesicht. Dann schien es,
als beleuchtete ein inneres Licht die Wangen,
seine Augen inbegriffen. Als hätte eine (Schale),
noch zart, schon jetzt freigegeben,
was ansonsten, über weitere Jahre,
(verhärtet) wäre.
Es muss *dieser* Augenblick gewesen sein.
Eingetaucht in den grünen Schimmer
des Blätteralphabets und dessen
sich wiegende Kalligraphie.
Damals, am Ausgang vom ›LebensGarten‹.
Unmittelbar am Eingang zum *Kindertotenwald* [5].

◈ Seitdem lässt sich unser Jüngster erfüllen.
Füllt seinerseits die Leere, die ihm begegnet.
Nie seine verkörperten Möglichkeiten
leichtsinnig aufs Spiel setzend.
Nie Alles auf EINE Zahl – außer der **1**.
Nie volles Risiko. Dafür sich irrational
dem Goldenen ∼ Schnitt annähernd.
Der **WAHRHEIT**. Stets beide Seiten,
von allen Winkeln eines Kreislaufes,
beschauend. Ohne dass es zum **BRUCH**
mit dem **GANZEN** kommt.
Er folgt so dem schmalen Grat. Jenem,
auf den ich selbst erst spät aufmerksam wurde.
Nein, auf den ich erst durch einen Tumor
aufmerksam gemacht wurde.

Durch die Symbolsprache der Realität.

Alles, was es dazu brauchte, waren fünf Worte.

◆ Indes ist es nie zu spät, dem sich
einer Schlange gleich schlängelnden
Grat zu begegnen. Ich hatte die Möglichkeiten.
Erkannte die Notwendigkeit.
Das ist das Entscheidende.
Denn Möglichkeiten hat jede Verkörperung.
Die zwar einzeln in Erscheinung tritt,
aber nie alleine *ist.* Weil Bewusstsein
verkörperter Teil des **GANZEN** ist.
Damit auch Teil all der ANDEREN.
Wie sie alle Teil von uns EINEN sind.
Nicht umsonst ist das **GANZE**
zu groß für EINEN Gedanken allein.
Nicht umsonst hat das **GANZE** EINEN Preis.
Und wohnt dem **GANZEN** ein Gespür
für diesen Preis inne.

◆ Das Leben, vielfach verteilte ›Göttlichkeit‹ ?
Wir EINEN noch immer auf der Suche
nach dem Kuchen, namens ›Gott‹ ?
Geteilte Ansicht, vom ersten Schnitt an,
mit dem wir uns von den ANDEREN abtren nten ?
Bedeutet zu fliegen, die Schwerkraft
überwinden zu müssen ?
Oder bedeutet, beflügelt zu werden,
nicht einfach, sich anvertrauen zu können ?
Somit von sich selbst loslassen zu können ?
Von der mehrdeutigen Schwere, die EINEN,
schwer wie EIN FELS, am Boden hält ?

Und von Altem, deren Altlast EINEN
vom ANDEREN tren nt. Irgendwo steht es
noch immer derart niedergeschrieben.
Im Buch EINES gebotenen Seins.

◆ So sind noch immer manche
von uns EINEN der Meinung,
unser technologischer Fortschritt stünde,
auch weiterhin, über ALLEM. Haben sich ihm,
mit Haut und Haar verschrieben.
EIN Schuldschein, ausgestellt auf Lebenszeit ?
Oder ihre Verschriebenheit
EIN Rechtschreibfehler ?
EINE Mutation, die nach und nach
stumm geschaltet wird ?

◆ Was wir EINEN, Jahrtausende,
als primäres Ziel unseres Fortschritts ansahen,
nämlich, uns EINEN das Leben zu erleichtern,
indem er *uns* Menschen die Angst vor unserer
verkörperten Vergänglichkeit nehmen sollte,
ist schlicht *sekundärer* Natur. *Primärer* Natur,
hingegen, ist das **WAHR**-Nehmen
unseres Eingebundenseins in das GANZE.
Der gemeinsame Weg ins Tal.
In Form des Flusses. Lebendigkeit.

◆ *Technological progress may have become*
second nature to us humans,
having led us straight into the realm
of our artificial third nature ...
but Nature herself has never completely left us

to our own devices.

◆ Hinter diesem Schauspiel steckt keineswegs
der verkündbare, niedergeschriebene Plan
eines genialen, allwissenden Schöpfers.
Auf Steintafeln verewigt, EINER Gebrauchsanweisung
für EIN harmonisches Leben gleich.
Nein, es ist die Notwendigkeit
eines Bewusstseins, welches sich
selbst ständig, und selbstständig,
völlig neu erfunden hat.
Bis zu jenem ᴴᵒʰᵉpunkt,
den ich, in Form EINER Metapher,
vor Jahren überschreiten konnte.
Reinventing the Sacred[1] ist seitdem
der sich eröffnende Weg ins Tal,
den nun das Leben gemeinsam begeht.
Der Ausheilung aller Tumoren und
überschüssiger Dekøhärenz wegen.

◆ WAHRER Fortschritt kann aus unserem
technologischen Fortschreiten nur hervorgehen,
wenn wir EINEN vergessen,
was nur uns möglich war.
Was nur geschehen kann,
wenn etwas A N D E R E S
dieses Vergessen nährt
und lebenswert macht.
Daher ist die einfache Lösung
für das PRØBLƐM
die Auflösung der Angst,
insbesondere *der* vor dem ✝od.

226

Die *Poesie*, die dieses bereits,
antifragilen Pflänzchen gleich, ermöglicht,
wird das Leben, von Grund auf, verändern.
Unter Bewahrung der HARMONIE.
Ohne weiteren Raub von Energie.
Ohne Verehrung und Umjubelung
kostenreicher Sieger. Deren Preisgeld
ANDEREM Vermögen entwendet wurde.
Wortgewandt abgeschwatzt,
mit zeitgeistigen Versprechungen.

◈ Das Leben wird das Ziel A N D E R S
erreichen, als es den Weg zuvor begonnen hat.
Mittels der Rückbesinnung auf das Wesentliche.
Eben … *Reinventing the Sacred*[1].
Das gemeinsame Vergessen
von Schwarzseherei. Und
des Gewahrseins von Stille.

◈ Seit es das PROBLEM gab, war ›Gott‹
nicht mehr. Seitdem bevölkerten Hyperobjekte
den Himmel. Seitdem war die Kohärenz
allen Lebens anders, nämlich fortschreitend
fragmentiert, durch das Wirken von uns EINEN.
Und dessen Auswirkungen.
Seit der Zenit überschritten wurde,
ist das Leben nun wieder auf dem Weg
zur ›Göttlichkeit‹. Das PROBLEM
immer direkter angehend. Dem PROBLEM
mehr und mehr auf sich findender
Augen^höhe begegnend. Nach allem,
was das Leben gemeinsam durchgemacht,

nach allem, was es gemeinsam erlebt hat.

◈ Nichts anderes war unser Leben gewesen:
sich bewusster werdende Begegnungen.
Das Leben nun, vermögender durch sich selbst.
Sensibilisiert, durch problematische Bereicherung
des Zeitgeistes. Welcher die Realisierung
der menschlichen Entfremdung,
von der Gemeinschaft des Lebens, war.
Zum symptomreichen Ausdruck gebracht
durch ℮nergieräuberische Technologien,
die das schwindende Vermögen
erst nach und nach bewusst werden ließen.

◈ Was uns menschlich macht, ist, unter anderem,
das Verlangen, unser Überleben
mit anderen Menschen zu teilen.
Uns diesbezüglich *mit-zu-teilen.*
Noch immer sind die Gesundungshäuser voll
von all diesen Geschichten.
Aber unsere Geschichten, sie
erzählen inzwischen auch ANDERES,
das in die Realität der neuen Sonne einfließt.
Wie Nebenflüsse in das Delta, welches, schrittweise,
imstande ist, sich von seinen Kanalisierungen
der Vergangenheit zu befreien.
Dessen Testament, schwer wie Eisen,
das Kreuz manch damaligen Lebens bildete.

◈ Das Leben aber, es gewährleistet
das Überleben *des Lebens selbst …*
über die jeweils aktuellen, und

mitunter liebgewonnen, Verkörperungen
EINER einzigen Spezies w   e   i   t hinaus.
Das eigentliche GEHEIMNIS des Lebens,
wie es offensichtlicher kaum sein kann,
nur mit anderen Worten beschrieben.
In kleinen Schritten, auf diesem Weg,
werden wir dessen, mehr und mehr, gewahr.
Und damit des **WAHREN** Fortschritts.
Der sich, seit jeher, von Dekøhärenz ernährt,
weil Leben HUNGRIG ist.

◈ Unser jüngster Sohn, ein Parasit,
wie er im Buche steht. Ein Buch ohne Siegel.
Ohne Schlüssel-Schloss-Prinzip.
Ein parasitäres Geräusch,
das Ratten aufschreckt.
Sie offenbart. Wenn auch nur für kurze Zeit.
Doch genug Zeit, um ihre langen Schwänze
erblicken zu können. Und die Ratte selbst,
die der Ursprung des Schwanzes ist.
Ein Geräusch, welches eindeutig
nach Katze riecht.
Auch wenn man sie nie sieht.
Bekäme man sie je zu Gesicht,
gäbe es die Plage der 🐀🐀 nicht.

◈ Ob wir, als Eltern, begründete Ängste
um den Jüngsten haben ? Es gibt noch immer
Nester voller Ratten überall,
wenn auch bereits weniger,
als zur Zeit der Zenitüberschreitung.
Ohne zu vereinfachen lässt sich sagen:

ohne Plan und Erwartung, keine Angst.
Kann das Leben so *einfach* sein ?
Bedeutet *Poesie* zu spüren,
frei von Ängsten zu sein ?
Oder bedeutet es
von Ängsten *befreit* worden zu sein,
weil man *Poesie* zu spüren vermag ?
So wie es uns Menschen bereits
problemloser gelingt,
uns mit der neuen Sonne zu verbinden.
In deren Licht sich **WAHRE**
Schönheiten entblättern.
Unter zunehmendem Ausschluss
des Sicherheitsversprechens blauer,
starr pulsierender Lichter.
Poesie, die Weisheit des Lebens ?
Das Erklingen einer Note,
welche *die* Note *ist* ? Im Wissen
um die Angst, ohne die
das Einfache einfach nicht *poetisch* wäre ?
Vertrauen, eine weitere Art,
in der Artenvielfalt von Parasiten ?
Vertrauen in ihn, den jüngsten Parasiten
unserer Familie. Und in das dynamische Leben,
dessen Gast er ist.
Wofür wir Eltern dankbar sind.
Die wir selbst Gäste, aber auch Gastgeber sind.
Kein Wunder demnach, dass Cyborgs
bereits aussterben, noch ehe sie sein können.
Das Leben und der ☩od, sie sind einfach
nicht zu vereinfachen.

◈ Wir spüren ihn. Erleben ihn.

Wo auch immer er sich JETZT aufhält.

Wir sind in Verbindung. Bleiben verbunden.

Im Herzen ? Ja, der Liebe wegen.

Uns EINEN wegen.

Allen Leiden der Vergangenheiten wegen.

Aber viel intensiver im Wesen der Verkörperung.

Der LIEBE wegen. Den ANDEREN sei Dank.

Die Saite eines Instruments

in Schwingung versetzt. Wie eine Brücke.

Sein jüngerer Klang. *Die* eine Note.

Angekommen.

Mit Dankbarkeit **WAHR**-genommen.

Und darin eingestimmt. In HARMONIE.

Derart gelinde, als Metapher, ausgedrückt.

EIN jeder *ist* die Welt, wie sie ihm begegnet.

◈ Ein Brief von ihm, dem Jüngsten,

ist angekommen. Die Handschrift einfach, frei.

Er endet wie folgt – mit der **WAHRHEIT**:

Frage nie jemanden,
der seiner Freiheit beraubt wurde,
nach der Wahrheit.
Um die Wahrheit zu erfahren, frage den,
der seine Freiheit auslebt.
Die **WAHRHEIT** *aber,*
sie liegt irgendwo zwischen diesen beiden.
So einfach ist das.

◈ Das Leben ist in der Tat

EIN ANDERES geworden.

Und doch bewegen wir uns weiterhin
zwischen den EINEN. Die, in dieser Form,
unnötiger werden. Gleichwohl sie lange Zeit
notwendig waren. Ein langer Weg.
Gemeinsam nur kann es gelingen.
Deshalb der noch bestehenden Gesellschaft
den Rücken zu kehren, würde die verrückte Welt
nur weiter ent-HARMONISIEREN.
Und das Stillen des HUNGERS w e i t e r
in kosmische Maßstäbe entführen.
Über die bereits notwendig gewordenen, nahezu,
14 Milliarden Licht-Jahre hinaus,
die wir EINEN mit Dunkelheit füllten,
nun revidiert werdend.

◆ Das Gerede von EINER neuen Erde,
EINEM Multiversum, von Außerirdischen
und Marskolonien, stirbt langsam aus.
WAHR-scheinlich der Ängste wegen,
die weniger werden.
Wer hätte das damals gedacht ?
Die WAHRHEIT, sie ist längst
gesellschaftstauglich unterwegs.
Die Begegnung mit ihr allgegenwärtig.
Der TRANS-Humanismus stirbt,
den Ängsten gleich, gleichfalls aus,
ohne dass die Trans-*Mutation* von uns EINEN
sich *nicht* bewahrheitet hat.
Was nutzt EINE neue Erde,
EIN weiteres Universum, nebst der
und des längst bestehenden,
wenn die Ängste bleiben

und mitgenommen werden ?
Egal, wohin.
Spooky action at a distance,
wie ein Stein[6] geäußert haben könnte,
bevor er, als Schwergewicht, von der Schulter
EINES Giganten in einen ruhigen See stürzte.
Um dort tsunamische Wellen hervorzurufen.
Schwerelos.
Bieten Erde und Kosmos nicht längst,
unsagbar viel, energetisches Potenzial ?
Angesammelt und aufgetischt.
Die Realität das Ufer. Schlamm, Geröll, Steine.
Treibgut von überall her. Das Ziel der Ozean.
Ein einziges Meer. Ein Meer,
angefüllt mit Möglichkeiten.
Mit neuen Möglichkeiten.
Wie keine bisher.

▦ Lichterlosigkeit.

Alles Licht geerntet.

Einfach gesättigt.

Der **HUNGER** gestillt.

▦ Finde einen weißen Mantel vor.

Werde eingehüllt in Licht.

Federleicht. Zwei-**FELS**-frei.

HIER

JETZT

Φ

Aus dem Tagebuch des Jüngsten

Heute

Angekommen in Gizeh. Mehr Menschen,
als zur Zeit der Raupe, am Wunder zugegen.
Besinnung auf die Ursprünge der Dinge –
in vollem Gange. Durch nichts aufzuhalten.
Der Sand fließt aus den Zanduhren heraus.
Es ist **WAHR**. Bin umgeben davon –
umgeben von Unmengen befreiter Zeiten.
Manch EINEN zieht es noch immer in die kalten Steine.
Millionen davon aufgetürmt zu Fragen.
So offensichtlich wie all der Sand,
der lautlos durch meine Finger fällt.
Nicht im Innern liegt das Verborgene. Nein,
das Verborgene so offensichtlich,
weshalb ich, zweitausend Schritte
entfernt vom letzten Weltwunder auf Erden,
der Sphinx direkt ins Antlitz schaue.
Zwei Handvoll verschiedener Gleichgesinnter
haben Anteil an meiner anwesenden Nähe.
Vertraute Weggefährten, denen ich heute
zum ersten Mal hier begegne.
Ich werde wiederkehren. Gemeinsam
mit der Sphinx werde ich die Sonne,
frühmorgens, willkommen heißen.
An ihrem Lichte mich satt trinken.

Bloße Füße vom Sand bedeckt.
Reconnected. Nicht länger verschreckt.
Nicht auf der Lauer liegend.
Das Wasser, erspüren, das einst hier floss.
HARMONIE. Phil.
Das Gesicht meines Bruders –
habe es wasserklar vor Augen.
Begraben weilt er seit wenigen Jahren,
in jenem Kindertotenwald[5], in dem ich
die Früchte des ☦odes zu neuem Leben
erwecken durfte, mit EINEM Tumor
an meiner kindlichen Seite.
Das letzte Foto, auf dem Phil
festgehalten worden war,
längst dem Wind übergeben.
Frei seitdem – wie die **WAHRHEIT**.
Warum er sich das Leben nahm –
wo ihn das Leben doch *LIEBTE* ?
Ausgeschieden aus dem Leben –
obwohl er Zeuge geworden war
vom Vermögen EINES Körpers ?
Fragen, dem Pyramidion ähnlich.
Dem Stein des Wesentlichen.
Ehemals ein FELS, in der Brandung der Gezeiten.

Jetzt

Wie wertvoll sich mir hier das Weltenall zeigt.
Auf dem Rücken liegend, die Kühle einatmend.
Wie es sich einst bereits zugetragen hatte,
im Leben zweier Väter, zwischen denen die Zeit hing

wie zwischen den Sternen EINES Sternbildes.

Auf EINEM Dach aus massivem Holz,

in EINEM Garten hinterm Haus.

Jahre, bevor Phil und ich geboren wurden.

Sich das Leben zu nehmen –

es klingt so sonderbar nach all den Jahren.

Was für EINE vom Wesen verrückte Vorstellung

EINES Bewusstseins, welches EIN Selbst sein kann.

Indem es sich vom Leben entfremdet,

der HARMONIE nach und nach verlustig gehend.

Zu sterben, es bedeutet, sich dem Leben anzuvertrauen.

Sich das Leben zu nehmen, es bedeutet eben dieses.

Sich *vom* Leben zu nehmen, um wieder beteiligt

am Leben zu sein. Rekφhärenz, wie Vater es nannte.

Solange es durch EINEN selbst,

durch EIN Selbst geschieht, nicht durch fremde Hand.

Phil hatte es gefühlt, weshalb er dem weiteren Raub

von Ɛnergie zuvorkam, bevor ihn der Zeitgeist

endgültig in Ketten zu legen gedachte.

Phil wurde EINES Mangels ge-**WAHR**,

dem er nicht gewachsen war, ohne diesen Umstand

als Niederlage **WAHR**-zunehmen. Daraus erwuchs

sein Mut, dem Leben nicht als Räuber,

nicht als EIN Lügner, zu begegnen, sondern

sich ganz der **WAHRHEIT** hinzugeben.

Auf diesem Wege Lebendigkeit bewahrend.

Ohne EIN Handlanger der |Ƨtɑƨe| zu werden.

Er gab, was ihm gegeben worden war, zurück.

Kein fauler Zauber, kein Werk EINES Teufels.

Im Grunde ganz einfach.

Und durch nichts zu vereinfachen.

Über mir steht es, immer deutlicher werdend,

in un∞endlicher W e i t e ,
die immer _{tiefer} mich begleitet:
Um wirklich zu genesen, muss EINE Spezies
nicht den ✝od beherrschen, nein, **ALLES**,
was sie wirklich zum Leben benötigt,
ist ein Leben, für das es sich lohnt zu sterben.
Es ist die Zeit, die uns EINEN
EINEN kulturellen Streich spielt.
Es ist nie EIN Ganzes, das mehr ist
als die Summe seiner Teile, weil *alle* Möglichkeiten
aller Teile das `GANZE` ermöglichen.
Was ist EIN Sternbild?
EINE Gleich=Setzung ganz verschiedener Glanzzeiten,
mitunter Lichtjahre auseinanderliegend
sowie durch Äonen voneinander getren nt.
Was ist der Sternenhimmel?
Lichterglanz, der EINEN Jahr für Jahr
alle Zeiten der Welt vergessen lässt.
Phil liebte Vaters Dreisatz, jenseits der Mathematik:
Schließe Frieden mit dir selbst.
Schließe Frieden mit Anderen.
Der Frieden mit dem Universum, er
geschieht alsbald von selbst.
So fand er die ℒℐℰℬℰ zum Leben und lebt
seitdem in HARMONIE, gemeinsam mit Anderen
und all den ANDEREN.
Sie alle begegnen mir unterwegs, ohne dass ich je
jenen Ort verlassen habe, der unser aller Zuhause ist.
Auch Vaters Spuren sind vielerorts zugegen.
Zwar irrte er hinsichtlich des Bewusstseins,
doch hinderte es ihn nicht, auf seine Weise,
die ℒℐℰℬℰ zum Leben auszuleben –

und am eigenen Körper zu erleben,
wie es sich anfühlt, nicht länger
EINER Räuberschar anzugehören.
Kann es wirklich so einfach sein ?
Ist Selbst-Bewusstsein der Verlust
des Gefühls für Kφhärenz ?
Wären Maschiⴖeⴖ demgemäß mit
dem ^Höchstmaß an Bewusstsein ausgerüstet ?
Nein ! Nur nicht dem schwindenden Erbe
des Zeitgeistes auf dessen Fortschrittsleim gehen.
EIN Verlust bedeutet, etwas gehabt zu haben,
was nun nicht mehr derart vorhanden ist.
Ja, die Tage der Gigama$chin€ri€,
sie sind gezählt. Dafür braucht EINER
nur **EINS** und **EINS** zwei-FELS-frei addieren –
und Einklang nicht mit ((((Resonanz)))) verwechseln.

Nun

Wo immer man ist, immer weniger €nergie
zu rauben - es ist in der Tat *so* einfach.
Und so effizient. Immer mehr entfernt sich
unsere Vorstellung von Fortschritt von der
verführerischen Effektivität, die uns all die
Jahrtausende geblendet hat. Selbst Vater war
ihr erlegen, auch wenn er deren Scheinheiligkeit
erahnte. Zwei vereinfachte Merkmale, sie haben
unseren als Fortschritt getarnten Raubzug erst
ermöglicht: **A**nfang und **E**nde.
Oft sprach Vater vom Ursprung und von Quellen,
doch meinten auch diese nur EINEN **A**nfang

und bezeugten sie dadurch ihre Mittäterschaft
am Schein, der keine Symptomschatten
in seiner Nähe duldete.
Mittlerweile habe ich EINE ANDERE Sicht
aus vielen Begegnungen und Beobachtungen
zusammengetragen. Offensichtlich wurden sie
erst zugänglich durch **ALLES**, was sich seit
grauer Vorzeit zugetragen hat, im Wechselspiel
zweier Polaritäten.
In Anlehnung an Vaters rote T-Shirts
sind es derer zehn Thesen, die endlich
auszuheilen vermögen, was ansonsten
EINER Spezies das Leben gekostet hätte.

1. EVOLUTION bezieht sich nicht allein auf das
   Leben, sondern auf das gesamte Universum; sie
   ist gleichbedeutend mit *der* Natur.
2. EVOLUTION ist ein Energiewandelprozess,
   der durch das Recyceln bereits gewandelter
   Energie immer effizienter in der Handhabung
   von Energie wird.
3. Das Leben ist demgemäß die effizienteste
   Ausgestaltung des Universums.
4. Das Universum ging nicht aus einem Urknall
   hervor; es hat weder Anfang noch Ende; es *ist*
   einfach.
5. Auch das Leben hat keinen Anfang, keinen
   Ursprung, da es die Fortführung des Universums
   mit ANDERER Effizienz ist, als sie zum
   Beispiel einer Galaxie zur Verfügung steht.
6. Das Universum wird immer ›ordentlicher‹, da es
   sich immer weiter weg vom Equilibrium zu

entfernen und Entropie immer gelassener handzuhaben vermag.

7. Das zunehmende Vermögen der EVOLUTION ist die Abnahme von Unordnung.

8. Dieses Vermögen kann nicht perfektioniert werden, weil Unordnung nie zur Gänze in Ordnung gewandelt werden kann.

9. Der Kosmos verkörpert die stete Annäherung an den Goldenen ∼ Schnitt (φ), mittels des Verhältnisses des weiblichen zum männlichen Prinzip von Energie.

10. Die EVOLUTION ist ein dermaßen ewiger Prozess, wie φ eine endlose und somit irrationale Zahl ist, die sich als Ketten-BRUCH mit nur einer einzigen Zahl darlegen lässt: der 1.

Wo beginnt ein Wald von Natur aus, wo hört er auf ?
Wo beginnt Leben, wo endet es ?
Anfang und Ende, viel zu lange haben sie
uns EINEN die ANDERE GESCHICHTE
der gemeinsamen EVOLUTION
in Milliarden BRUCH-Stücke fragmentiert. All das nur,
weil EIN Anfang seinen Anfang nahm,
der als Ursprung von ALLEM umgedeutet wurde.
In böser Absicht und von selbiger Bösartigkeit,
die lange Zeit Tumoren unterstellt worden war ?
Frage.
Was bleibt vom Bösen übrig, wenn Energie
ganz ANDERS gehandhabt wird und Raubtiere
EINE Erfindung sind ? Erfunden vom einzigen Räuber,
weit und breit, der jedoch, dank dem Schwinden EINER
Spezies, sich nicht weiter ausbreiten kann.

Zu rauben, es zahlt sich immer weniger aus.
Deshalb sterben die Räuber aus, aufgrund
der von Generation zu Generationen
weitergereichten |Meta-Stasen|.
Das Leben, es evolviert weiter.
Überall. Im **ALL**.
Wird Wald.

Hier

Als ∀Akausaliker fortan unterwegs.
Die generelle Abhängigkeit
von immerzu verfügbarer Fremdᴇnergie,
sie war, von EINEM Anfang an,
die einzige Achillessehne
des technologischen Fortschritts – und zugleich
die Schwachstelle aller [S]y[s]t[e]m[e],
die mehr und mehr entarteten.
∀Akausaliker, sie lügen, wenn sie belogen werden,
indem sie bei der **WAHRHEIT** bleiben.
Fortschritt ANDERS denken.
The Sacred reinvented.[1]
Dinge, sie geschehen, immer öfter,
auf zaubrische Weise, eben ᴇakausal,
ohne weiter EINES Raubes zu bedürfen.
Lange Zeit wurde Magie mit Unmengen
Fremdenergie bedacht, um im Namen der Wissenschaft
gesellschaftstauglich zu erscheinen.
So wurde aus Magie in **Raubsprech**,
nebst weiteren Nomen, Normen und Fakten,
die Quantentheorie – und aus *enchanted*

schlicht *Entanglement*.

Unterwegs als ∀Akausaliker, es *bedingt*,
durch die Folgen von zu viel geraubter Energie,
nun das einzig **WAHRE** Vermögen zu spüren,
das mich EIN Tumor gelehrt hat.

ALLES dreht sich,
um die Handhabung von Energie,
ohne EINEN Schwindel zu manifestieren.

Materie *ist* Energie mit reichlich Erfahrungen.

Je erfahrener, desto kleiner ihre Ordnungszahl,
WAHR-nehmbar durch die $_{Tiefe}$ ihres elementaren Klanges.

Jahrtausende durchlitt EINE Spezies die Folgen
solch EINER **WAHRHEITS**-Phobie.

Das ANDERS-Denken lehrt sie nun
das Auflösen des normopathischen[3] Leidensweges.

Heilung bedeutet, lokales Energieangebot
mit globalem Energiebedarf
zyklisch zu HARMONISIEREN.

kalierbar$_{keit}$ ist dabei allgegenwärtig.

Jahrtausende hielt EINE Spezies jedoch daran fest,
lokalen Energiebedarf w e i t über das globale,
natürliche Energieangebot einzufordern.

Permanent ! Die folgenreichen Folgen ?

Entzauberung ! *Disenchantment !*

Vereinheitlichung, um permanente Verfügbarkeit,
die EINER mit Harmonie verband,
durch Energieraub zu gewährleisten.

Worldwide Entropy the biggest enterprise.

The wide and only world order.

Dark matter because less and less mattered.

Dust settled on the **TRUTH**.

The phobia accelerated,
beyond the Golden ∼ Mean.
∀Akausaliker, sie schleusen unentwegt
Trojaner mit guten Absichten
in die [S]y[s]t[e]m[e] der Welt und
machen auch vor Teilchen-Beschleunigern
nicht halt. Gut,
im Sinne von heilsam. Gut,
im Sinne von kɸhärent. ▽
Eine notwendige, weibliche Infusion.
Um endlich die Phobie vor der **WAHRHEIT**
zu überwinden und nicht auf ewig
immer schneller und fremdℰnergielastiger
EINER Selbstbelügung hinterherzurennen.
Nein, ich renne schon lange nicht mehr.
Mehr denn je zählt einzig nur noch **EINS**.
Ein Zauber, der sich nicht als Spruch
oder Symbol auf die Haut EINES Räubers
tätowieren lässt, in der verrückten Hoffnung,
dadurch Energie effizienter handhaben zu können.
Mehr denn je zählt einzig Gelassenheit –
Das Hintersichlassen EINER Räuberschar.
Es lebe die *Poesie*.
Aus ℒℐℰℬℰ zum Leben.

Anhang

Die folgenden Kurzzitate (0-6) wurden, gemäß §51 UrhG des deutschen Urheberrechts, als mein persönlicher roter Faden im Roman verwendet und folgenden Quellen zugeordnet:

0 **John Green** – *Das Schicksal ist ein mieser Verräter* – ISBN 978-3423625838

1 Zitat von **N. Scott Momaday**

2 Zitat von **Richard R. Powell**, siehe http://de.wikipedia.org/wiki/Wabi-Sabi

3 **Hans-Joachim Maaz** – *Das falsche Leben* – ISBN 978-3-406-70555-7

4 **Stuart A. Kauffman** – *Humanity in a creative universe* – ISBN 978-0-19-939045-8

5 **Franz Wright** – *Kindertotenwald* – ISBN 978-0-375-71195-4 aus »*In memory of the future*«

6 **Albert Einstein**: »Nonlocality is spooky action at a distance.«

7 **Yuval N. Harari** – *Homo Deus* – ISBN 973-3-406-70401-7